ROB McGIBBON

Eminem

Buch

Eminem: Kotzbrocken für die einen, rebellischer Held für die anderen. Kaum ein Musikkünstler hat je so stark polarisiert wie der 28-jährige amerikanische Rapper Eminem. Marshall Bruce Mathers III., so sein bürgerlicher Name, wuchs ohne Vater und unter ärmlichsten Bedingungen in den schlimmsten Gegenden von Detroit auf. Als Teenager eiferte er seinen Vorbildern, den Rappern um Dr. Dre und den N.W.A., nach und träumte davon, durch Erfolg in der Musikszene dem schlechten Milieu seiner Kindheit und Jugend entkommen zu können. Aber der Weg vom jungen Rapper, der als Möchtegern-Schwarzer ausgebuht wurde und dem seine Demo-Tapes um die Ohren gehauen wurden, zum mehrfach platinveredelten Rap-Superstar, dessen Reime auf der ganzen Welt Hörer finden, war ein harter Kampf. Der international bekannte Musikjournalist Rob McGibbon zeichnet in »Eminem: The Real Fucking Story« einerseits die Erfolgsstory aber auch den Leidensweg von Marshall Mathers nach, von der Kindheit in Detroit über die Geburt seines Alter Ego Slim Shady bis heute. Nach seinem Smash-Hit »The Real Slim Shady« und dem Gewinn zweier MTV Video Music Awards ist aber auch klar: Slim Shady hat noch genug Zorn im Bauch, um mit seinen messerscharfen und nicht immer ganz stubenreinen Texten weiterzurappen ...

Autor

Rob McGibbon hat eine Reihe brandaktueller Biographien über populäre Künstler verfasst. »Eminem: The Real Fucking Story« ist das jüngste in einer Reihe von mittlerweile zwölf Büchern über einige der international bekanntesten Pop-Gruppen, unter anderem New Kids on the Block, Take That, Boyzone, Backstreet Boys, Spice Girls und Westlife. Darüber hinaus schrieb er gemeinsam mit seinem Vater die Bestseller-Biographien über das Enfant terrible des englischen Fußballs, Paul Gascoigne, sowie über Mick Hucknall von Simply Red. Neben der Arbeit an Büchern schreibt Rob McGibbon für verschiedene britische Zeitungen und Magazine als freier Journalist. Er lebt in London.

Weitere Informationen unter www.Rob-McGibbon.com

ROB McGIBBON

EMINEM

The Real Fucking Story

Aus dem Englischen von
Winfried Czech

GOLDMANN

Umwelthinweis:
Alle bedruckten Materialien dieses Taschenbuches
sind chlorfrei und umweltschonend.

Originalausgabe Januar 2001

Umschlaggestaltung: Design Team München
Umschlagfoto: Tibor Bozi
Satz: Martin Strohkendl, München
Druck: Clausen & Bosse, Leck
Verlagsnummer: 45033
RM · Herstellung: Sebastian Strohmaier
Made in Germany
ISBN 3-442-45033-0
www.goldmann-verlag.de

3 5 7 9 10 8 6 4

Inhalt

Danksagung

Ich möchte mich bei vielen Leuten für ihre freundliche Hilfe bedanken, die dieses Buch erst möglich gemacht haben. Zuerst ein großer Dank an meinen Lektor Rainer Mörike und die Mitarbeiter des Goldmann Verlags dafür, dass dieses Buch so schnell erscheinen konnte. Dank auch an meinen Übersetzer Winfried Czech für seine gute Arbeit.

Darüber hinaus bin ich Eminems Onkel Todd Nelson, Lloyd Beaney von WENN in London und mehreren wichtigen Kontaktpersonen in Amerika zu Dank verpflichtet, die mich mit wesentlichen Informationen versorgt haben, aber darum baten, nicht genannt zu werden. Besondere Erwähnung verdienen die »Detroit Free Press«, der »Rolling Stone«, »Newsweek«, »The Independent«, sowie die Websites Eminemworld.com und Hiphopsite.com. Des Weiteren Dank an Jefferson Morley für seinen Artikel »Rap Music: An American History« in »Rap, The Lyrics«, herausgegeben von Lawrence A. Stanley bei Penguin.

Ganz besonders danke ich meiner Schwester Katrina – Pop-Expertin, Musik-Guru und Internet-Zauberin – die unverzichtbare Daten und Songtexte aufgespürt und in kürzester Zeit viele Probleme bei meinen Recherchen gelöst hat.

Und zum Schluss ein Wort an alle Leser. Dieses Buch zu schreiben, hat mir vielleicht noch mehr Spaß gemacht als die Arbeit an meinen früheren Büchern. Ich habe währenddessen ständig Eminems Musik gehört, und mittlerweile liebe ich sie. Er ist ein äußerst talentierter Bursche, und ich habe einen tiefen Respekt für ihn als Mensch und für das entwickelt, was er angesichts so großer Schwierigkeiten erreicht hat. Ich hoffe, dass die Leser nach der Lektüre dieses Buches ähnlich empfinden werden.

Mit den besten Wünschen
Rob McGibbon

Anmerkung des Übersetzers

Die Songtexte Eminems folgen – den jeweiligen Stücken entsprechend – einem ganz individuellem Sprachrhythmus und Reimschema, das auch Reime innerhalb einer Zeile beinhaltet. Wir haben uns darauf beschränkt, den abgedruckten Zitaten Übersetzungen beizufügen, die den *Inhalt* der Songtexte erhellen mögen. Jeder Versuch, Eminems Texte in eine adäquate *Form* in der deutschen Sprache zu bringen, würde Eminems ausgefeilter Lyrik nicht gerecht werden.

Kapitel 1

Auf der falschen Seite der Straße

Detroit ist ein wuchernder Stadtmoloch im Nordosten der USA, nahe der Großen Seen und der Grenze zu Kanada, die siebtgrößte Stadt der Vereinigten Staaten mit mehr als einer Million Einwohner allein im Stadtkern. Im Wesentlichen ist Detroit für zwei Dinge berühmt: Autos und Musik. Hier installierte der Pionier Henry Ford 1908 die erste Fließbandstraße für das Modell T, das als »Tin Lizzy« bekannt wurde und die Automobilindustrie für immer verändern sollte. Mit der Produktion von »Tin Lizzy« wurden Autos für jedermann erschwinglich. Und dadurch wandelte sich auch Detroits Erscheinungsbild für immer. Die Stadt boomte, und eine Flut von Immigranten aus allen Kulturkreisen strömte auf der Suche nach Arbeit in die riesigen Automobilfabriken. Detroit entwickelte sich zu einem Schmelztiegel unterschiedlicher Kulturen und zu einer der florierendsten und pulsierendsten Städte Amerikas.

In den 60ern erblickte eine weitere Legende in Detroit das Licht der Welt: das Schallplatten-Label Tamla Motown (abgeleitet von Motor Town). Es nahm sich der lokalen Talente aus der großen schwarzen Bevölkerungsschicht an und machte sie zu Pop-Legenden. So wie die Industrie ihre

Autos produzierte, produzierte Motown Hits am Fließband. Seine Stars stürmten die Charts, und viele wurden zu Ikonen der Musikszene: Diana Ross, Michael Jackson, Stevie Wonder, Smokey Robinson – sie alle wurden vom Motown-Label entdeckt.

Im Verlauf mehrerer Jahrzehnte veränderte sich das ethnische Gleichgewicht Detroits immer stärker. Die schwarze Bevölkerung in der Stadt wuchs, und immer mehr weiße Familien wanderten in die Vororte ab, was zu einer tiefen ethnischen und territorialen Kluft führte. Heute sind beinahe achtzig Prozent der Bevölkerung Detroits schwarz, während die Vororte überwiegend von Weißen bewohnt werden.

Fährt man vom Stadtzentrum aus ein paar Meilen nach Norden, kommt man nach Warren. Es gibt nur wenige Gegenden, die die Rassenschranken deutlicher illustrieren. Warren hat etwa einhunderttausend Einwohner und wird durch einen breiten Boulevard namens 8 Mile von Detroit getrennt, eine schäbige Straße gesäumt mit Sex Shops und Strip Bars, auf der Prostituierte öffentlich ihrem Gewerbe nachgehen. An jeder Ecke stehen Drogendealer herum, und überall rosten zertrümmerte Autowracks vor sich hin. Aber 8 Mile ist mehr als nur ein Magnet, der die Halbwelt anzieht, es ist eine Grenzlinie, die die schwarzen Wohngegenden im Süden von denen der Weißen im Norden trennt. Und es herrscht wenig Sympathie zwischen den beiden Bevölkerungsgruppen. So würde ein Weißer spät abends nur mit äußerster Vorsicht allein durch bestimmte Viertel auf der falschen Seite der 8 Mile fahren, und das Gleiche gilt für Schwarze, die sich nach Warren verirren.

Durch die Straßen Warrens zu schlendern, ist wie eine Zeitreise in das Amerika der 50er, allerdings ohne die

Hoffnungen und die Unschuld jenes Jahrzehnts. Nicht selten begegnet man dort ältlichen Damen, die noch immer mit einer von Unmengen Haarspray in Form gehaltenen Bienenstockfrisur herumlaufen. Weite Teile der Stadt sind schon seit langem verwahrlost, aber eins hat sich in all den Jahren überhaupt nicht verändert: die rassistische Grundeinstellung. In Warren herrscht eine rückwärts gewandte, geradezu hinterwäldlerische Stimmung vor. Es gibt viele strikt voneinander abgeschottete Gemeinden, unter anderen polnische, deutsche und irische Viertel, deren Bewohner unter sich bleiben und bis auf den heutigen Tag an ihren Traditionen und jeweiligen Muttersprachen festhalten, aber eins verbindet sie alle: Sie wollen keine Schwarzen, die sie ohne jede Scheu »Nigger« nennen, in ihrer Nachbarschaft. Und unter den Weißen ist eine Mentalität spürbar, als lebten sie in einem permanenten Belagerungszustand, hervorgerufen durch das Gefühl, Detroit an die Schwarzen verloren zu haben. Sie scheinen wild entschlossen zu sein, nun nicht noch die Vororte preisgeben zu müssen.

Eminem wuchs in einem kleinen Haus in South Warren auf, in Fußnähe der 8 Mile, in dem heruntergekommensten Viertel der Stadt. Wenn man sagt, man kommt aus South Warren, heißt das in anderen Worten, man wohnt auf der falschen Seite der Straße; zwangsläufig werden die Leute argwöhnisch. Und als wäre die geografische Lage seines Zuhauses nicht schon schlimm genug, hatte Eminem zusätzlich ein chaotisches und gespanntes Familienleben zu ertragen. Aber der Rassismus, der Warren teilte, sollte sich als die größte Ironie seines Lebens herausstellen. Eminem war ein weißer Junge in einem von rassistischen Weißen dominierten Stadtteil, doch tief in seinem

Herzen fühlte er sich den Schwarzen verbunden. Auch wenn er nördlich der 8 Mile wohnte, gehörte sein Herz dem Süden, der Gegend, die die bigotten Bürger Warrens als die falsche Seite der Straße betrachteten. Es war dieser Widerspruch, der Eminems Schicksal prägen und ihn zur lautesten weißen Stimme machen sollte, die sich jemals in der schwarzen Welt des Rap Gehör verschafft hat.

Obwohl Warren und Detroit die Orte waren, die Eminems Zukunft bestimmten, verbrachte er seine ersten Lebensjahre in einem anderen Teil Amerikas. Eminem wurde am 17. Oktober 1972 in St. Joseph geboren, einer Kleinstadt nördlich von Kansas City im Bundesstaat Missouri. Eminems Mutter Debbie Nelson war hier unter schwierigen Verhältnissen aufgewachsen. Ihre Mutter Betty Kresin war mehrfach verheiratet und hatte sechs Kinder von drei verschiedenen Vätern. Debbie war das älteste Kind, und bereits als Teenager zeichnete sich ab, dass sie in die Fußstapfen ihrer Mutter treten würde. Im Alter von fünfzehn Jahren lernte sie Marshall Bruce Mathers II. in einer Bar kennen. Bruce, wie er allgemein genannt wurde, war sieben Jahre älter als sie und arbeitete zu der Zeit in einem Bauholzgeschäft. Die beiden verliebten sich ineinander und heirateten nach einer wilden Romanze. Vielleicht war die Ehe Debbies Fahrkarte gewesen, um St. Joseph und den Problemen ihres ungeordneten Familienlebens zu entfliehen.

Neben seiner Arbeit spielte Bruce in einer Band namens Daddy Warbucks, die in Bars und kleinen Hotels auftrat. Es war eine unbedeutende Gruppe, die einen Mix aus Coversongs der 60er und 70er spielte, aber sie vermittelte ihren Mitgliedern den Hauch einer Ahnung davon, wie es sich anfühlen musste, berühmte Musiker zu sein. Die Band zog von Stadt zu Stadt, absolvierte ihre Auftritte und lebte wie eine richtige Tournee-Band. Debbie begleitete sie auf ihren Reisen und wurde als Tamborinespielerin aufgenommen.

Das Leben auf der Straße brachte ständige Partys mit sich, was Bruce gut gefiel, denn er neigte zu einem ungezügelten Lebensstil und trank ziemlich stark für einen Mann in den Zwanzigern. Er genoss das sorgenfreie Leben in der Band, doch all das änderte sich schlagartig, als Debbie schwanger wurde. Sie war gerade erst siebzehn Jahre alt und kehrte nach St. Joseph zurück, um dort ihr Kind zur Welt zu bringen. Der Junge wurde nach seinem Vater und Großvater auf den Namen Marshall Bruce Mathers III. getauft. Ein Arzt führte eine Hausgeburt für ein Honorar von 90 Dollar durch. Es war ein ärmlicher Start in das Leben des Jungen, der später als Eminem bekannt werden sollte, und er verlief nicht ohne Komplikationen. Einige Tage nach der Geburt brach Debbie mit schweren Blutungen im Badezimmer zusammen, wo ihr Bruder Todd sie fand und sie unverzüglich in ein Krankenhaus bringen ließ.

Debbie, Bruce und das Baby zogen nach North Dakota, in den Bundesstaat, aus dem Bruce stammte, und er nahm einen Job in einem Hotel an. Debbie hoffte, dass es der Beginn eines geordneten Familienlebens sein würde, aber bereits nach einem Jahr zerschlugen sich ihre Hoffnungen. Sie und Bruce hatten ihre Liebe auf romantischen Träumen aufgebaut, deren Fundament sich angesichts der häuslichen Alltagsprobleme und der Herausforderung, ein Kind großzuziehen, als zu unstabil erwies. Die Vaterschaft und ein geregelter, verantwortungsbewusster Lebenswandel waren nichts, was Bruce in diesem Abschnitt seines

Lebens zusagte. Er hatte auf den vielen Tourneen mit der Band den Geschmack der Freiheit kennen gelernt, und er vermisste diese Ungebundenheit, während er sich bemühte, in North Dakota sesshaft zu werden. Bruce gab sein Bestes, aber es erwies sich als unmöglich für ihn, seiner Verantwortung gegenüber seinem Kind und seiner Frau gerecht zu werden. Debbie behauptete später, dass er gewalttätig wurde, wenn er trank, und sie ihn aus Angst verlassen hätte. Was auch immer der Grund gewesen sein mag, eines Tages flüchtete sie Hals über Kopf, nahm sich kaum die Zeit, ihre Habseligkeiten zusammenzupacken, und bestieg mit ihrem Sohn einen Überlandbus, der sie zurück nach St. Joseph brachte. Das war der Beginn von Eminems chaotischer Kindheit, deren einzige Konstante aus ständigen Umzügen und Unsicherheit bestehen sollte.

Debbie und Bruce ließen sich erst einige Jahre später scheiden, aber mit ihrer Trennung endete auch Bruces Einfluss auf seinen Sohn. Der Junge trug weiterhin den Namen seines Vaters, hatte aber keinerlei Kontakt mehr zu ihm. Bruce verschwand einfach, um ein aufregenderes Leben zu führen. Mehr als fünfundzwanzig Jahre später wurde er von den Medien in einer kleinen Stadt in Kalifornien nahe der mexikanischen Grenze aufgespürt. Wie sich herausstellte, hatte er mit großen finanziellen Schwierigkeiten und Alkoholismus zu kämpfen. Als er von seinem berühmten Sohn erfuhr, versuchte er, mit ihm in Verbindung zu treten; aber der Junge, der mittlerweile zu einem Star geworden war, erteilte ihm eine schroffe Abfuhr. Eminems Reaktion fiel grob und unmissverständlich aus. »Scheiß auf den Motherfucker, Mann. Scheiß auf ihn.«

Nachdem sie ihren Mann verlassen hatte, sah sich die verzweifelte Debbie mit der Aufgabe konfrontiert, ganz allein ein Kind großzuziehen. Anfangs wohnte sie bei einer Tante in St. Joseph, die sich um Eminem kümmerte, während seine Mutter nach Arbeit suchte. Debbie nahm mehrere schlecht bezahlte Jobs an, unter anderem als Kassiererin in einem Imbiss, aber das Leben war hart für eine allein erziehende Mutter. Es gab kaum Arbeit in St. Joseph, mindestens zweimal war sie auf Sozialhilfe angewiesen, und sie bewegten sich gerade eben oberhalb der Armutsgrenze. Die vielen Mitglieder der Nelson-Familie unterstützten sie bereitwillig, aber auch sie hatten ihre Probleme. Betty heiratete mehrmals und ließ sich immer wieder scheiden, so dass es zu ständigen Streitereien mit einer Vielzahl von Stiefeltern, Halbbrüdern und Halbschwestern kam.

Für Eminem war das Beste an seiner Zeit in St. Joseph, dass er in der Nähe seines Onkels Ronnie sein konnte. Ronald Dean Polkinghorn war Bettys jüngstes Kind und nach seinem Vater benannt worden. Er war nur drei Monate älter als Eminem, und so wuchsen sie in diesen frühen Jahren wie Brüder auf. Zwischen den beiden Jungen entwickelte sich ein Band tiefer Zuneigung. Beide waren sie in zerrissene, ungeordnete Familienverhältnisse hineingeboren worden, und sie gaben einander Halt und Sicherheit. Eminems Verhältnis zu Ronnie wurde zu einer der wichtigsten und einflussreichsten Beziehungen seines Lebens; aber es war ein Verhältnis, das unter tragischen Umständen enden sollte.

Nach einigen Jahren in St. Joseph erwies es sich für Debbie und Eminem als unmöglich, länger bei ihrer Tante zu wohnen. Debbie beschloss, nach Michigan zu ziehen, wo sich ihr Vater und andere Familienmitglieder niedergelassen hatten. Damit ging das nomadische Leben, das seine gesamte Kindheit überschatten sollte, für Eminem weiter. Seine Mutter zog mehrfach auf der Suche nach einem festen Zuhause zwischen Missouri und Michigan hin und her. Anfangs schien jeder Ort, den sie ausprobierte, ihr einen Neuanfang zu versprechen; aber wo auch immer sie hinkam, der harten Realität, eine allein erziehende Mutter zu sein, die sich mit Niedriglohn-Jobs durchschlagen musste, konnte sie nicht entkommen. Nirgendwo fand sie echte Hoffnung und Glück.

Bei jedem erneuten Umzug wurde Eminem aus einer Schule gerissen und in die nächste gesteckt. Sein Umfeld veränderte sich ständig, und er begann, sich abzukapseln und stundenlang in seinem Zimmer einzuschließen, wo er allein spielte. Er flüchtete sich in eine Phantasiewelt, die er mit seinen Spielzeugen erschuf, oder er verlor sich in Comics.

Eine andere Suche Debbies, die zu keinem Erfolg führte, war die nach einem Lebenspartner. Als allein stehende Mutter war es nicht leicht für sie, einen Mann zu finden, der eine ernsthafte Beziehung mit ihr eingehen wollte, und so sprang sie von einem aussichtslosen Verhältnis zum nächsten. Einige der Männer zeigten Interesse an Eminem und kümmerten sich um ihn; aber die meisten weigerten sich, ihm näher zu kommen, da sie im Grunde ihres Herzens wussten, dass sie nicht lange bei seiner Mutter bleiben würden.

Einer der Männer, der Eminem echte Zuneigung entgegenbrachte, war Don DeMarc. Er ging mehrere Jahre lang zwischen den späten 70ern und den frühen 80ern mit Debbie aus und half Eminem, ein bisschen Gleichgewicht in seinem Leben zu finden. Bedauerlicherweise zerbrach die

Beziehung, und bald war Debbie wieder auf Wanderschaft, sowohl in geografischer als auch in emotionaler Hinsicht.

Es ist wenig darüber bekannt, wieviel Zeit Eminem an den verschiedensten Orten verbracht hat, aber bis zu seinem siebten Lebensjahr waren seine Mutter und er mehrfach von einer Mietwohnung in und um St. Joseph, Kansas City und einigen Städten in Michigan umgezogen. Einige Male wurden sie aus ihren Wohnungen herausgeworfen und zogen um, wenn Debbie Schwierigkeiten hatte, die Miete zu bezahlen. Es war eine ungeordnete, unglückliche Zeit für beide, ganz besonders jedoch für Eminem. Die vielen Schulwechsel bedeuteten, immer wieder der neue Junge zu sein und mit den Problemen zu kämpfen, die damit einhergingen. Kaum hatte er die anfänglichen misstrauischen Blicke überwunden und gerade begonnen, Freundschaften zu knüpfen, da musste er auch schon wieder gehen. Das hatte eine tief greifende Wirkung auf seine Entwicklung.

Als wären die Dinge nicht schon schlimm genug, wurde seine Mutter in einen Autounfall verwickelt, der sie beide fast das Leben kostete, als er sieben Jahre alt war. Debbie erlitt einen Armbruch, Eminem mehrere Schnittwunden, die genäht werden mussten und an die bis heute eine kleine Narbe über dem linken Auge erinnert.

Er war neun Jahre alt, als seine Mutter schließlich beschloss, ihr Glück in Michigan zu versuchen. Dort besaß ihre Großmutter ein Haus, das sie Debbie für einen längeren Zeitraum überlassen wollte, und auch die Arbeitssituation war dort günstiger. Das Haus stand in South Warren, ein paar Straßenblocks von der 8 Mile entfernt. Als Eminem dort einzog, war er bereits ein stark verunsicherter Junge, der sich überall als Außenseiter fühlte. Und darüber hinaus hatte das ständige Umherziehen während seiner Kindheit in ihm eine tief verwurzelte Wut auf seine Mutter hervorgerufen. Warum konnte er kein normales Leben wie die anderen Kinder führen? Ein Teil von ihm hasste seine Mutter dafür, dass sie ihm kein sicheres Zuhause gegeben hatte, und dieses Gefühl sollte ihn nie verlassen.

Eminem sagt dazu: »Ich weiß, dass meine Mutter versucht hat, ihr Bestes zu tun; aber ich wurde so oft aus meinem Umfeld herausgerissen, dass es mir so vorkommt, als wären wir alle zwei oder drei Monate umgezogen. Ich ging in einem Jahr auf bis zu sechs verschiedene Schulen. Wir lebten von der Fürsorge. Ich war armer weißer Abschaum, keine Spur von Glanz oder Ruhm, aber ich schäme mich für rein gar nichts.«

South Warren war nicht gerade eine luxuriöse Wohngegend im Grünen, aber wenigstens hatten Debbie und ihr Sohn jetzt ein kleines gemütliches Haus und eine feste Basis für ihre Existenz. Eminem sollte die nächsten fünf Jahre hier verbringen, bevor seine Mutter wieder umzog. Nun aber musste er sich zunächst dem stets wiederkehrenden Alptraum stellen, eine neue Schule zu besuchen. Diesmal war es die Dort Elementary in Roseville. Obwohl das Viertel hauptsächlich von Weißen bewohnt wurde, gab es viele schwarze Kinder und gewisse ethnische Spannungen in der Schule. Eminem brauchte nicht lange, um herauszufinden, dass der Besuch der Dort Elementary keine angenehme Erfahrung für ihn werden würde. Er war klein und schmächtig für sein Alter, kein Wunder, da seine Ernährung hauptsächlich aus Weißbrot bestand, wie bei vielen Kindern aus einkommensschwachen Familien. Darüber hinaus war er der Neuling, ein Außenseiter ohne Freunde in einer Schule, in der raue Sitten herrschten. Er stellte ein dankbares Ziel für die Aggressionen seiner Mitschüler dar. Gleich nach seiner Ankunft wurde er von einer Bande schwarzer Jungen zum Prügelknaben auserkoren, deren Anführer es ein besonderes Vergnügen bereitete, ihn zu quälen. Dieser Junge hieß De Angelo Bailey.

Bailey war zwei Jahre älter als Eminem, stämmig, kräftig und Eminem körperlich haushoch überlegen. Nachdem er sich sein neues Opfer herausgepickt hatte, konnte ihn nichts mehr aufhalten. Es begann mit Beschimpfungen und kleineren Einschüchterungen, und sobald er sicher war, dass Eminem keine Gefahr für ihn darstellte, ging er zu massiveren Drohungen über. Wenn er den neuen Schüler auf dem Hof oder in den Gängen der Schule traf, trieb er ihn in die Enge, lud all seinen jugendlichen Hass auf ihn ab und flüsterte ihm drohend zu: »Du wirst in der Pause sterben, weißer Junge.« Danach verbrachte Eminem den Rest des Tages ständig damit, über das Schicksal nachzudenken, das ihn erwartete. In jeder anschließenden Pause machte es sich Bailey zur Gewohnheit, Eminem zu verfolgen und seiner Drohung Nachdruck zu verleihen, natürlich ohne sie tatsächlich in die Tat umzusetzen.

Wohin Eminem auch immer ging, Bailey spürte ihn auf. Selbst auf der Toilette war er nicht vor ihm sicher. Bailey wartete bereits auf ihn, um ihn zu verhöhnen und zu einem Kampf zu provozieren, von dem er wusste, dass er ihn nicht verlieren konnte. Und wenn dann die Schläge auf ihn herabregneten, war Eminem zu verängstigt, um sich zu wehren. Diese Prügeleien und psychischen Einschüchterungen dauerten vier Monate lang an. Bailey stahl Eminem das Essensgeld, zog ihm den Stuhl unter dem Hintern weg, wenn er sich setzen wollte, oder quetschte ihn gewaltsam in einen Spind. Er hatte eine ganze Palette von

Grausamkeiten auf Lager. Was immer ihm einfiel, der kleine weiße Junge musste es erleiden.

Doch an einem Tag im Winter trieb es Bailey zu weit, und während einer Pause machte er beinahe seine Drohung wahr, Eminem umzubringen. Der Schulhof war mit einer hartgefrorener Schneeschicht bedeckt, und Eminem schlug schwer mit dem Kopf auf, als Bailey ihn angriff und zu Boden warf. Als der Schläger den Jungen halb bewusstlos im Schnee liegen sah, floh er in Panik.

Eminem erholte sich so weit, dass er am Rest des Unterrichts teilnehmen konnte, aber nachdem er heimgekehrt war, klagte er über Kopfschmerzen und brach schließlich zusammen. Er wurde eilig ins Krankenhaus gebracht, wo die Ärzte eine Gehirnblutung diagnostizierten und ihn sofort behandelten. Sein Zustand verschlechterte sich so sehr, dass er in ein Koma fiel. Tagelang pendelte er zwischen Bewusstlosigkeit und Wachzustand hin und her, während seine Mutter voller Angst nicht von seinem Bett wich.

Eminem hat den Angriff und seine Folgen nie vergessen. Jahre später sagte er in einem Interview: »Das war ein wirklich dummer Zwischenfall. Irgendein Mädchen hatte mich mit einem Schneeball getroffen, und dann begann ein Junge, mich auszulachen, so dass ich ihn gegen eine Wand schubste. Leider wusste ich nicht, dass dieser Junge ein guter Kumpel von De Angelo Bailey war. Alle Kinder in der Schule hatten Angst vor Bailey, besonders ich, weil ich so klein und mager war. Er stürzte sich auf mich, stieß mich in einen Schneehaufen und schlug mich bewusstlos. Als ich an diesem Abend nach Hause kam, begann ich, aus dem Ohr zu bluten, und meine Mom brachte mich ins Krankenhaus. Die Ärzte untersuchten mich, und plötzlich fiel ich ins Koma. Ich war tagelang bewusstlos. Nachdem ich wieder zu mir kam, ging es mir einigermaßen gut, abgesehen davon, dass ich ein weiteres Mal die Schule wechseln musste.«

Der Schulwechsel bedeutete das Ende von Baileys Terrorregime, aber noch nicht das Ende des Konflikts zwischen der Mathers-Familie und der Dort Elementary School. Obwohl er körperlich wieder in Ordnung war, hatte Eminem noch immer mit den Nachwirkungen des brutalen Angriffs zu kämpfen. Er litt unter ständig wiederkehrenden Kopfschmerzen, einer posttraumatischen Gehirnerschütterung und zeitweiligen Sehstörungen. Außerdem wurde er von schrecklichen Alpträumen gequält. Laut Berichten aus dieser Zeit förderten all diese Symptome bei Eminem eine Tendenz zu »asozialem Verhalten«. Debbie war nicht bereit, das alles kampflos hinzunehmen; aber statt den Schläger zu verklagen, strengte sie eine Schadensersatzklage über zehntausend Dollar gegen die Schule an. Die Klage wurde sofort abgewiesen, doch der Vorfall war ein frühes Zeichen dafür, dass Debbie Mathers eine Kämpferin und nur allzu schnell bereit ist, für ihren Vorteil vor Gericht zu ziehen. Damals kämpfte sie für ihren Sohn, aber später sollten sich die Vorzeichen ändern.

Die Geschehnisse an der Dort Elementary School hinterließen eine unauslöschliche Narbe im Leben des jungen Eminem. Der Zorn über die ihm damals zugefügten Ungerechtigkeiten saß tief und schwärte jahrelang in ihm. Zwar sollten ihm noch viele andere unerfreuliche Dinge während der Jahre zustoßen, die seinen Charakter prägten und ihm Inspirationen für seine späteren Rap-Songs lieferten; aber die Auswirkungen dieser Schlägerei sind nicht zu unterschätzen. Viele Jahre später explodierten die bitteren Erinnerungen an Bailey in den Ohren der

Welt, als Eminem seiner verdrängten Wut über seinen Peiniger in dem Song »Brain Damage« Luft machte.

Der nachfolgende Text lässt erahnen – auch wenn vieles davon stark übertrieben sein mag –, welche Angst der damals neunjährige Junge ausgestanden haben muss und welche seelischen Narben der Sturz in den verharschten Schnee in ihm hinterließ. Bailey wird sogar namentlich in dem Song erwähnt.

I was harassed daily by this fat kid named De Angelo Bailey
An eighth grader who acted obnoxious, coz his father boxes
So every day he'd shove me in the lockers
One day he came in the bathroom while I was pissin'
And he had me in the position to beat me into submission
He banged my head against the urinal 'til he broke my nose
Soaked my clothes in blood, grabbed me and choked my throat

(Ich wurde täglich von diesem fetten Jungen namens De Angelo Bailey gequält,
einem aus der Siebten, der widerlich protzte, weil sein Vater boxte.
Er sperrte mich jeden Tag in einen Spind.
Eines Tages kam er in die Toilette, als ich gerade pisste,
und er hielt mich, schlug mich, ich unterwarf mich.
Er schlug meinen Kopf gegen das Pissoir, bis er mir die Nase brach,
meine Kleidung mit meinem Blut tränkte, mich an der Kehle packte und würgte.)

Auf eine gewisse Weise konnte sich Eminem an Bailey rächen; aber er bestätigt, dass die Prügeleien sein Leben nachhaltig prägten. Im Rückblick sagte er: »Dieser Motherfucker prügelte mir ständig die Scheiße aus dem Leib. Alles, was ich in dem Song schreibe, ist wahr. Eines Tages kam er in die Toilette. Ich pisste gerade, und er schlug mich grün und blau. Ich habe mir in die Hose gepisst. Das ist es, was mich wirklich fertig gemacht hat. Ich werde diesen Jungen nie vergessen.«

Als der Song und sein Interpret berühmt wurden, fiel auch etwas Ruhm auf Bailey ab. Es spricht nicht gerade für seinen Charakter, dass es ihm Befriedigung verschaffte, als Schläger bekannt zu werden, und er genüsslich Autogramme als der Star aus »Brain Damage« gab, obwohl der Anlass für seinen Ruhm ein trauriger war. Bailey, der mittlerweile verheiratet ist, eigene Kinder hat und in der Nähe seiner alten Schule wohnt, posierte mit einem breiten Lächeln auf dem Pausenhof, wo er Eminem vor Jahren terrorisierte, für Fotos. »Hey, ich muss ihn für sein Leben gezeichnet haben«, sagte er vergnügt.

Für Eminem sah die Realität des Jahres 1982 so aus, dass er die Dort Elementary School verließ und wieder einmal in einer neuen Schule ganz von vorn anfangen musste. Aber es war hart, denn überall gab es einen anderen Rohling von Baileys Schlag, der auf dem Schulhof seinen Opfern auflauerte. Eminem wurde auch weiterhin drangsaliert, und diese Belästigungen bildeten einen festen Bestandteil seiner Schulzeit. Allmählich härteten ihn die Quälereien ab. Zwar konnte er den physischen Misshandlungen nichts entgegensetzen, weil er noch immer ziemlich klein war; aber er lernte, seinen wachen Verstand zu gebrauchen, um es mit den Rüpeln aufzunehmen, die ihn beschimpften und beleidigten. Wie abgebrüht sie auch sein mochten – wenn es darum ging, es ihnen mit einer schnellen Erwiderung heimzuzahlen, stachen Eminems Worte. Seine bissigen Bemerkungen ließen sie hilflos verstummen, aber dadurch provozierte er noch mehr und isolierte sich.

Eminem litt unter der strikten Ablehnung in diesem frühen Alter. Da er kaum Freunde hatte, mit denen er nach dem Unterricht spielen konnte, schloss er sich weiterhin in sein Zimmer ein und ging ganz in seinen Spielzeugen und Comics auf. Er zog sich in seine Traumwelten zurück, in denen die guten Jungs stets gewannen und es die bösen Jungs waren, die Prügel bezogen. Die Comics trugen dazu bei, seine ohnehin schon ausgeprägte Fantasie noch stärker zu entwickeln, – aber was sein Leben wirklich verändern sollte, war die Musik.

1983, kurz vor Eminems elften Geburtstag, war Michael Jackson die Sensation der Pop-Szene. In diesem Jahr stürmte er die Charts mit einer Reihe von Smash-Hits, unter anderem »Billy Jean«, »Beat It« und »Wanna Be Startin' Something«, die in dem unglaublichen Erfolg »Thriller« gipfelten. Die Single und das gleichnamige Album setzten neue Maßstäbe. Von Quincy Jones produziert, gilt »Thriller« mit über 40 Millionen verkauften Exemplaren immer noch als das erfolgreichste Album aller Zeiten. Eminem liebte Michael Jackson wie unzählige andere Fans aller Altersschichten überall auf der Welt, tanzte zu seiner Musik vor dem Spiegel und tat so, als wäre er der »Moonwalker«. Wenn Jackson irgendwo besonders berühmt war, dann in Detroit, der Stadt, in der er seine Karriere als kleiner Junge zusammen mit seinen Brüdern als Jackson Five mit Songs wie »Be There« und »Rockin' Robin« in den frühen 70ern bei Motown begonnen hatte.

Plötzlich wurden Eminem die Augen für das aufregende Leben der Musikszene geöffnet. Wo auch immer er bisher gelebt hatte, er war mit ständiger Musikberieselung aufgewachsen, hauptsächlich mit den Lieblingsinterpreten seiner Mutter auf dem Gebiet des Hard Rock, wie zum Beispiel Jimi Hendrix; aber jetzt hatte er etwas entdeckt, das ihm gefiel.

Musik wurde Eminems neue Gegenwelt. Er war über sein Spielzeug hinausgewachsen und hatte seine Comics bereits hundertmal und mehr gelesen. Jetzt half ihm die Musik, der traurigen Realität seines Lebens zu entfliehen. Und dann erzählte ihm sein Onkel Ronnie eines Tages von einer coolen neuen Musikrichtung, mit der er sich beschäftigen sollte. Man nannte sie Rap.

Kapitel 2

Hip-Hop hebt ab

Der Begriff »Rap« entstand 1976 in den schwarzen und hispanischen Stadtvierteln von New York. Rap entwickelte sich auf Blockpartys und in hauptsächlich von Schwarzen besuchten Nachtclubs in Upper Manhattan sowie in der South Bronx, wo innovative DJs mit »Scratching« experimentierten. Diese Technik besteht darin, eine besonders eingängige Sequenz in einem Song zu isolieren, indem man die Schallplatte so bewegt, dass die Nadel stets in der gleichen Rille bleibt. Dadurch entsteht ein endloser Dance-Beat, der die Discobesucher auf der Tanzfläche hält.

Ein guter DJ bedient zwei Plattenteller gleichzeitig und verschmilzt so zwei Musikstücke zu seinem eigenen individuellen Sound. Außerdem gehörte es zu den Aufgaben eines DJs, die Menge anzuheizen, indem er sie über die Lautsprecheranlage ansprach. Anfangs war es nur allgemeines Zeugs wie zum Beispiel: »Hey, Mikey B. ist da ... zeigt es Mikey B. ...« und dergleichen mehr. Diese Interaktion mit dem Publikum, die auf der schwarzamerikanischen Tradition »Call-and-response« beruht, war beliebt und entwickelte sich schnell weiter, bis die DJs Vollzeitpartner erhielten, die in Reimform mit der Menge sprachen und

»MCs« (auch »emcees«) genannt wurden, von »Master of Ceremonies«. Als ihre Sprachbeiträge immer ausgefeilter wurden, bezeichnete man sie allgemein als Rapper.

Während der späten 70er Jahre entwickelten sich die DJs und ihre Rapper zum Brennpunkt städtischen Nachtlebens in bestimmten Gegenden New Yorks. Die in Reimform gehaltenen Texte wurden anspruchsvoller, und bald begannen Künstler, ihre eigenen Tapes zusammenzustellen und sie lokal zu verteilen. Der Rap markierte auch den Beginn der Breakdance-Welle, die gemeinsam mit der neuen Musikrichtung regelrecht explodierte. 1980 hatte sich Rap bereits derart ausgebreitet, dass die etablierten Plattenverlage das Potential erkannten und sich einmischten. Der erste Rap-Song, der überall im Radio gesendet wurde, war »Rapper's Delight« von der Sugarhill Gang. Das eingängige Thema von Chics Smash-Hit »Good Times« aus dem Jahr 1978 wurde variiert, in einer auch als »Sampling« bezeichneten Technik.

Dies war der Beginn des kommerziellen Rap. Einer der Pioniere des Rap war Grandmaster Flash, der gleich mehrere MCs in einem Song zusammenfasste. Seine Single »The Message« wurde 1982 veröffentlicht und zu einer Hymne des Rap. Sie enthält einen Vers, der bis heute unvergessen ist: »Don't push me/Cause I'm close to the edge/ I'm trying not to loose my head«. (Dräng mich nicht, denn ich stehe dicht vor dem Abgrund und versuche, nicht den Kopf zu verlieren.) Ein anderer Künstler der frühen Rap-Musik, der eine Schlüsselposition einnahm, war Afrika Bambaataa, ein Straßen-DJ aus der Bronx, der dafür bekannt wurde, Segmente aus schwarzer Tanzmusik mit Melodien aus weißem Rock zu verbinden. Sein Album »Planet Rock« verkaufte sich eine halbe Million Mal. Es war der

Erfolg dieser maßgeblichen Künstler, der letztlich zum weltweiten Siegeszug des Rap geführt hat.

Im Lauf der frühen 80er entwickelte sich der Rap unaufhaltsam zu einer kommerziellen Macht. 1986 sprang schließlich MTV mit seiner Sendung »Yo! MTV Raps« auf den fahrenden Zug auf, und plötzlich war Rap in aller Munde.

Eminem wurde um die Mitte der 80er zum ersten Mal von seinem Onkel Ronnie in die Welt des Rap eingeführt. Ronnie hatte eine Leidenschaft für Musik und den Finger stets am Puls der Zeit. Schon lange bevor Rap in Mode kam, wusste er, dass die neue Musikrichtung cool war. Während seiner gesamten Kindheit war Ronnie Eminems Vertrauter, Beschützer und Mentor gewesen. Er war der große Bruder und Vater, den Eminem nie gehabt hatte, und als er sagte, Rap wäre Dope, hörte Eminem sofort auf ihn. Das erste Stück, das Ronnie ihm vorspielte, war »Reckless« von Afrika Bambaataa and Family mit UB40. Zu der »Familie« gehörte auch der Rapper Ice-T. Der Song war auf dem Soundtrack zu dem Film »Breakin'« aus dem Jahr 1984 über Breakdancer erschienen. Eminem hörte sich den neuen Sound sehr aufmerksam an und mochte ihn. Mit diesem Song nahm seine lebenslange Liebe zum Rap ihren Anfang. Einige Jahre später sollten Ronnie und Eminem gemeinsam die ersten Bänder zusammenstellen und von einer Zukunft als berühmte Rap-Stars träumen; aber es wäre falsch zu sagen, dass Eminem sich Hals über Kopf in den Rap verliebte und die Musik sofort sein Leben veränderte. Es war eher eine Art Weckruf, der etwas in ihm auslöste, das ihn nicht mehr verließ, während er sich an den neuen Stil gewöhnte. Für die meisten Kids ist Rap keine Musikrichtung, zu der sie sofort Zugang finden, weil sie sehr vielschichtig ist. Ein Rap-Song ist selten ein Ohrwurm, wie bei der Popmusik, den man nicht mehr aus dem Kopf bekommt, nachdem man ihn zum ersten Mal gehört hat. Aber dieses spezielle Stück von Bambaataa hatte einen großen Einfluss auf Eminem und öffnete ihm die Ohren für den Rap.

Der Rap setzte seinen Siegeszug in den späten 80ern fort, und Eminem wurde von seiner Energie und seinem rauen Beat mitgerissen. Er lernte Gruppen wie die Fat Boys kennen, die große Hits mit »Wipeout« und »The Twist (Yo, Twist)« landeten. Seine Helden waren LL Cool J und Run DMC; aber der eigentliche Durchbruch für ihn kam, als die Beastie Boys mit ihrem ersten Hit »(You Gotta) Fight For Your Right (To Party)« weltweit die Charts stürmten. Eminem liebte ihr anarchistisches Auftreten, und zu sehen, wie ein Haufen weißer Jungs rappte und zu Superstars wurde, war etwas, das er nie zuvor erlebt oder für möglich gehalten hätte. Plötzlich öffnete sich ihm die Welt des Rap, die bisher allein den Schwarzen vorbehalten gewesen war. Heute sagt er: »Ich fand, es war der unglaublichste Scheiß, den ich jemals gehört hatte, und genau da beschloss ich, ebenfalls zu rappen.«

Von diesem Moment an wurde der Rap zu seiner Leidenschaft. Vielleicht, dachte er, könnte er dadurch dem deprimierenden Dreck Warrens entkommen. Die Beastie Boys waren aus dem Nichts zu Rap-Ikonen aufgestiegen, warum also nicht auch er? Und so begann Eminem auf seinem Tonbandgerät Rap zu spielen, anstatt sich Nächte lang in seinen Comics zu vergraben oder fernzusehen. Er legte sich einen Notizblock zu und schrieb seine ersten eigenen Texte. Noch sollten Jahre vergehen, bis er diese Technik vollständig beherrschte; aber schon als fünfzehnjähriger

Anfänger hatte er das Gefühl, ein Talent zum Verfassen von Reimen zu besitzen. Anfangs waren sie schlicht, und er passte sie einem Standard-Beat an. Er arbeitete härter an ihnen als jemals an seinen Hausaufgaben. Hätten seine Lehrer, die ihn als faulen und unfähigen Schüler abgeschrieben hatten, gesehen, welche Hingabe er für den Rap bewies, sie wären verblüfft gewesen.

Zu dieser Zeit liebäugelte Eminem auch noch mit dem Breakdance-Fieber und wurde zu einem geschickten Tänzer, der auf dem Boden herumwirbelte; aber seine wahre Leidenschaft galt mehr der verbalen als der körperlichen Akrobatik. Er entwickelte seine Texte weiter, rappte sie in seinem Zimmer vor sich hin und experimentierte mit verschiedenen Stilrichtungen und Betonungen. Im Wesentlichen ahmte er nur seine Lieblingskünstler nach, während er die Grundlagen des Reimens lernte; aber er wusste schon damals, dass er mehr als alles andere auf der Welt rappen wollte. Er übte vor dem Spiegel und stellte sich dabei vor, ein einflussreicher Rapper zu sein. Er hing Träumen über die Macht und die Möglichkeit nach, sich zu artikulieren, die ihm eine solche Position bieten würde.

In diesem frühen Stadium gab es einen entscheidenden Faktor, der seine Weiterentwicklung hemmte: seinen Wortschatz – oder vielmehr seinen mangelnden Wortschatz. Er war kein guter Schüler, was hauptsächlich an dem ihm aufgezwungenen chaotischen Lebenswandel und den ständigen Schulwechseln lag; aber er wusste, dass er seinen Wortschatz erweitern musste, wenn er es als ernst zu nehmender Rapper zu etwas bringen wollte. Eminem hatte einen wachen Verstand, und er war äußerst schlagfertig, und so begann er damit, stundenlang Wörterbücher zu wälzen, um seinen geistigen Horizont zu erweitern. Er las sie so, wie andere Romane lesen, blätterte auf der Suche nach neuen Wörtern, die er in seinen allmählich komplexer werdenden Reimen benutzen konnte, eine Seite nach der anderen um. Es sagt einiges über seinen Ehrgeiz aus, dass er als Teenager vorausschauend genug dachte, um sich auf eine solche Art weiterzubilden. Tief in seinem Inneren wusste er schon damals, dass die normalen Unterrichtsfächer wie Erdkunde, Mathematik und anderen Standarddisziplinen nichts für ihn waren. Er fühlte, dass Rap die einzige Ausbildung war, die er brauchte, um Erfolg im Leben zu haben.

Dann schlug der Rap eine härtere, politischere Richtung ein, die mit dem Auftauchen einer Gruppe namens N.W.A. (Niggaz With Attitude) einherging. Ihr Album »Straight Outta Compton« führte die Gewalttätigkeit der Spielart, die als »Gangsta-Rap« bekannt werden sollte, in die Texte ein. Die Hit-Single »Fuck Tha Police« brachte das weiße Amerika auf die Barrikaden, aber sie spiegelte die wütende Grundstimmung der Schwarzen überall im Land wider. N.W.A. riss die Grenzen des traditionellen Rap nieder, indem sie die moralischen Wertvorstellungen Amerikas thematisierte. Später sollte das FBI vor der Gruppe warnen und sie als Gefahr für die nationale Sicherheit einstufen. Eminem liebte N.W.A. und ihre Wut, und er lernte aus ihren drastischen Formulierungen, dass der Rap eine Möglichkeit zur unzensierten und grenzenlosen Selbstdarstellung eröffnete. Er spielte ihre Platten und achtete dabei aufmerksam auf die Texte und die Techniken, die sie benutzten, um der restlichen Welt ihre zornigen Tiraden auf eine geistreiche und offensive Art zu übersetzen.

Einer der Begründer und Motor von N.W.A. war Andre Young a.k.a. Dr. Dre, den Eminem ganz besonders schätzte.

Damals konnte Eminem noch nicht ahnen, dass Dre einmal eine wichtige Rolle in seiner späteren Karriere spielen sollte.

Die explosionsartige Ausbreitung der Rap-Musik fand um 1987 statt, zur gleichen Zeit, als Eminem auf die Lincoln High School in Warren wechselte. Hier kam Eminem endlich aus sich heraus und legte die Maske des stillen Außenseiters ab, hinter der er sich versteckt hatte, um sich vor den Grausamkeiten der Schulschläger zu schützen. In Lincoln hatte er auch zum ersten Mal in seinem Leben einen festen Freundeskreis. Viele seiner Kumpel waren schwarz, und das Band, das sie zusammenhielt, war der Rap. Eminem identifizierte sich stärker als die meisten weißen Jungen aus Warren mit den schwarzen Kids auf seiner Schule. Zu dieser Zeit wurde sein engster Freund ein schwarzer Bursche namens Proof, der als treuer und verlässlicher Kamerad in den schweren Zeiten zu ihm hielt und bei ihm blieb, so dass er den späteren Ruhm und Reichtum seines Freundes genießen konnte. Bis heute spielt Proof eine wichtige Rolle in Eminems privatem und beruflichem Leben. Er half ihm auch, mit den Schattenseiten des Ruhms umzugehen. Während der Schulzeit rappten Eminem und Proof in den Unterrichtspausen und zu Hause bis spät in die Nacht hinein, wo sie in die Rollen ihrer Lieblingsstars schlüpften. Sobald sie die Zeit fanden, dachten sie sich neue Stücke aus und träumten davon, ihren Lebensunterhalt mit ihrer Musik zu verdienen.

Wenn Eminem nicht in Zukunftsträumen schwelgte, war er gezwungen, sich der Lebenswirklichkeit mit seiner Mutter in Warren zu stellen. Ihre Streitigkeiten wurden häufiger und hitziger. Nachdem er sich zu einem selbstbewussten Teenager entwickelt hatte, war Eminem in der Lage, sich zu wehren, und er rächte sich an ihr durch scharfzüngige Erwiderungen. Die Spannungen nahmen derartige Ausmaße an, dass er immer wieder aus dem Haus geworfen wurde und bei Freunden Unterschlupf suchen musste.

1986 hatte Debbie einen zweiten Sohn geboren, Nathan, wodurch die häusliche Situation noch gespannter wurde. Nathan war das Ergebnis einer Beziehung, die Debbie mit einem Mann namens Fred Samara Junior unterhalten hatte; aber er bestritt, der Vater des Kindes zu sein, und so musste sie ihn zur Zahlung von Alimenten verklagen. Zwei Kinder ohne ihre Väter großzuziehen, machte das Leben für Debbie noch härter. Eine Möglichkeit, an Geld zu kommen, sah sie darin, vor Gericht zu ziehen. Akten belegen, dass sie während dieser Zeit nach mehreren geringfügigen Autounfällen auf Schadenersatz klagte. Eminem behauptete später, dass sie auch versuchte, eine Supermarkt-Kette zu verklagen, nachdem ihr beim Einkaufen mit Nathan etwas aus dem Regal auf den Kopf gefallen war.

Die Zustände im Haus der Mathers waren oft chaotisch, und Eminem wartete immer sehnsüchtig darauf, dass seine Mutter abends ausging, damit er seine bevorzugten Rap-Songs in voller Lautstärke abspielen konnte. Sobald sie weg war, drehte er die Anlage bis zum Anschlag auf und gab sich ungestört seinen Rap-Träumen hin. Rap wurde mehr und mehr ein Weg für ihn, der tristen Wirklichkeit zu entfliehen. In seinem Stadtviertel gab es ständig Konflikte zwischen den ethnischen Gruppen, besonders, wenn schwarze Kids von der anderen Seite der 8 Mile nach Warren kamen.

Im Alter von sechzehn Jahren wurde Eminem schwer verprügelt, nachdem er einen Freund besucht hatte und auf dem Heimweg war. Eine Gruppe Schwarzer fuhr an ihm vorbei, verhöhnte ihn und machte obszöne Gesten. Eminem zeigte ihnen den Mittelfinger. Er nahm an, die Sache sei damit erledigt, aber der Wagen hatte hinter der nächsten Kreuzung angehalten, und die Männer lauerten ihm auf. Einer schlug ihm brutal ins Gesicht, während ein anderer ihn mit einer Waffe bedrohte. Dann stahlen sie ihm Kleidung und Schuhe und traten ihn zusammen. Es war ein heimtückischer Überfall, und Eminem entging nur deshalb ernsthaften Verletzungen, weil ein weißer Mann in einem Truck neben ihm anhielt und die Bande verjagte.

Derartige Aggression gab es auf beiden Seiten der Rassenschranken, die das Viertel teilte. Eines Tages, als Eminem mit Proof nach Warren ging, zogen ein paar weiße Typen eine Pistole und befahlen ihm, seinen schwarzen Freund aus ihrem Teil der Stadt zu schaffen.

»Ich wurde ständig angemacht und angepisst«, erzählt Eminem. »Warum? Ich war schwächlich und ängstlich, und ich wohnte in einer abgefuckten Gegend, in der ständig irgendeine Scheiße passierte. Aber mein Leben war nicht nur deprimierend und trostlos. Das Gute daran war, jung zu sein und sich die heißesten neuen Alben zu kaufen. Wenn ich zu Hause rausflog, sagte ich mir, scheiß drauf, und ging zu Proof. Wir hatten kein Geld, aber wir kamen immer irgendwie über die Runden. Wenn wir heute zurückblicken, sagen wir: ›Mann, was für 'ne abgefuckte Zeit.‹«

Mit seinen Fortschritten beim Rappen hatte er auch den Mut, mit den Schwarzen zu rappen, die sich an Straßenecken trafen, wo sie ihre Fähigkeiten in einer Wettkampfatmosphäre live miteinander maßen. Aber der Empfang, den sie Eminem bescherten, machte schnell klar, dass die Schwarzen wenig von einem weißen Jungen hielten, der rappen wollte.

»Ich wurde von ihnen ›gedisst‹, als ich versuchte, zu ihnen zu stoßen«, erinnert sich Eminem heute. »Dissen« (von *to disrespect*: jemanden geringschätzig behandeln) ist ein fester Bestandteil der Rap-Kultur mit Vorläufern in der schwarzamerikanischen Kultur *(signifyin', playing the dozen)*. Und dies war etwas, womit Eminem umzugehen lernen musste, als er sich in die Welt des Rap vorwagte. Hier stieß er auch zum ersten Mal auf die Beleidigung »Wigga«, die Bezeichnung für einen Weißen, der versucht, sich wie ein Schwarzer zu geben. Und da er den Tonfall und das Gehabe der Schwarzen übernahm, wurde Eminem oft so genannt, sogar von anderen weißen Jungen. Es war, als würde er ein Niemandsland betreten, als er versuchte, im Rap Fuß zu fassen.

Anfangs war Eminem verblüfft und tief verletzt durch die Beleidigungen der schwarzen Rapper. Er hegte keinerlei rassistischen Gefühle. Den größten Teil seines Lebens hatte er in oder in der Nähe schwarzer Wohnviertel gelebt, und er betrachtete sich selbst als mehr oder weniger farbenblind, was die Hautfarbe betraf. Die meisten Freunde, die er während der letzten Jahre gefunden hatte, waren schwarz. Außerdem respektierte er ihre Musik und ihre Kultur. »Als kleines Kind nimmst du die Hautfarbe gar nicht wahr«, sagt er, »und mir ist nie aufgefallen, dass meine Freunde schwarz waren. Das war kein Thema für mich, bis ich als Teenager anfing, mich als Rapper zu versuchen. Da erst merkte ich, dass eine Menge Motherfucker immer den Weißen in mir sahen. Und wenn mich irgendjemand unterstützte, bekam er auch Ärger. Dann fragten ihn die anderen: ›Warum hältst du zu dem weißen Jungen?‹«

Mit der Zeit wurde klar, warum manche Leute zu dem weißen Jungen hielten: Weil er gut war. Eminem übte härter und ausdauernder als die anderen Amateur-Rapper an den Straßenecken. Außer seiner Leidenschaft für den Rap trieb ihn noch etwas anderes an: Er wollte es den Schwarzen beweisen, die ihn ablehnten, ohne ihm auch nur eine Chance zu geben. Mit wachsendem Selbstvertrauen fühlte er sich bereit, vor einem größeren Publikum zu rappen, und so nahm er an Talentwettbewerben in der Lincoln High School teil. Bei einem dieser Wettkämpfe trat er zusammen mit einem anderen weißen Jungen auf, seinem guten Freund Mike Ruby, der ebenfalls Rap liebte. Sie erschienen wie die Blues Brothers mit dunklen Sonnenbrillen auf der Bühne. Ein anderes Mal schlich er sich mit Proof in den Talentwettbewerb einer Nachbarschule und stahl den anderen Teilnehmern mit einem furiosen Rap die Schau. Allmählich begann man, Notiz von ihm zu nehmen.

Kapitel 3

Rap in der Küche

Eminem mochte der Star bei den Talentwettbewerben in der Schule gewesen sein, aber als Schüler versagte er total. Während des Unterrichts passte er kaum auf, und er strapazierte ständig die Geduld seiner Lehrer, weil er ununterbrochen quatschte. Er war mit den Gedanken anderswo und hatte keine Lust, sich mit dem Unterrichtsstoff zu befassen. Die Lehrer waren nicht gerade glücklich über seine Einstellung, und es zeichnete sich ab, dass seine Tage an der Schule gezählt sein würden, wenn er sich nicht bald zusammenriss und zu lernen begann. Aber auch die wiederholte Androhung von Disziplinarstrafen konnte ihn nicht ändern. Für ihn lag der Schlüssel zum Erfolg im Rap, und dabei hatte er keine Hilfe von seinen Lehrern zu erwarten. Diese Fähigkeiten musste er sich auf der Straße und in den Clubs aneignen, und die Reime mussten direkt aus seinem Kopf und nicht aus Schulbüchern kommen. So überraschte es niemanden, dass seine Noten schlecht waren und seine Hausaufgaben unerledigt blieben, weil er die Zeit nach dem Unterricht damit verbrachte, Rap-Texte zu schreiben und Musik zu hören.

Eminem umgab sich stets mit einem Haufen anderer Jungs, die ebenfalls verrückt nach Rap waren. Sie bildeten eine feste Gang, die den ganzen Tag unterwegs war. An den Wochenenden trieben sie sich auf Partys herum, in der Woche schrieben sie nach Schulschluss gemeinsam Songs. Ansonsten spielten sie Basketball oder hingen einfach auf der Straße herum und redeten über alles und nichts.

Mike Ruby und Proof waren neben Jay Fields Eminems engste Freunde. Mike kam durch eine Versicherungszahlung an etwas Geld, das er in eine Studioausrüstung investierte. Er baute im Keller des Hauses seiner Eltern ein bescheidenes Tonstudio mit dem Ziel auf, seinen Freunden zu helfen, Demobänder aufzunehmen, die ihnen den Weg zu Ruhm und Reichtum ebnen sollten. Das Studio wurde auf den hochtrabenden Namen »Basement Productions« getauft und wurde zum zentralen Anlaufpunkt für Eminem und seine *posse* (dt.: Trupp).

Wie in der Rap-Szene üblich legten sich alle einen Künstlernamen für ihre »Bühnen«-Persönlichkeiten zu. Mike taufte sich »Manix«, Jay »Vitamin C« und Proof blieb einfach Proof. Eminem übernahm einfach die Initialen seines Namens, Marshall Mathers, eine Anspielung auf die beliebte Süßigkeit. So wurde er zuerst »M&M« für die Rap-Welt. Basement Productions machte sich an die Arbeit, und die Jungs begannen, ihre ersten Songs aufzunehmen. Außerdem besuchten sie Rap-Konzerte in Detroit von Künstlern wie Big Daddy Kane und Queen Latifah.

Das Mekka der Rapper in Detroit war zu dieser Zeit der Hip Hop Shop, eine Trend-Boutique, in der die angesagten Klamotten verkauft wurden. Sie lag an der West 7 Mile im Herzen des schwarzen Detroits und galt als das Epizentrum des Rap. Außerdem hatte der Shop eine kleine DJ-Kabine und spielte ständig die neusten Songs. Samstags gab es »Open-mic«-Rap, aber nur die coolsten und selbstbewusstesten Rapper wagten es, sich einem derart kompetenten und einschüchternden Publikum zu stellen. Eine Herausforderung für Eminem. Er zog mit seiner Schar von Möchtegern-Rappern zum Hip Hop Shop, um dort mit den anderen Hardcore-Rap-Fans abzuhängen. Eminem liebte die Stimmung des Shops und die Gegend im Allgemeinen. Genau hier wollte er sein, aber seine Einstellung wurde nicht erwidert, und dieser Umstand erwies sich für ihn als eine Feuertaufe.

Als er zum ersten Mal zum Mikro griff, wurde er schon ausgebuht, noch bevor er überhaupt ein Wort hervorgebracht hatte. Die Spannung zwischen den ethnischen Gruppen war derart angespannt, dass das schwarze Publikum keine Zeit an einen weißen Jungen verschwendete, der glaubte, rappen zu können. Es war die gleiche Reaktion, die Eminem entgegengeschlagen war, als er versucht hatte, auf der Straße mit den schwarzen Kids aus der Nachbarschaft zu rappen. Erfahren zu müssen, dass sogar die coolen Typen vom Hip Hop Shop – Leute, die er respektierte – so fühlten, war ein schwerer Schock für ihn. Allmählich wurde ihm klar, dass diese rassistische Grundeinstellung die gesamte Hip-Hop-Gemeinde durchdrang und er immer dagegen ankämpfen müsste.

Damals sahen die Leute in Eminem nicht mehr als ein junges, draufgängerisches Großmaul. Viele hielten ihn für einen Klugscheißer, aber sein wahres Talent begann sich zu zeigen, als er verbissen in Mikes Kellerstudio schuftete. Sein eigener Stil entwickelte sich Schritt für Schritt, und während seine Rapper-Kollegen froh waren, wenn sie zwei Zeilen zustande brachten, die sich reimten, strebte er bereits die nächste Stufe an. Er erweiterte seine Technik und versuchte sich an dem, was als »innerer Reim« bezeichnet wird, verpackte mehrere Reime in eine Zeile, statt sie nur ans Ende zu hängen, und niemand konnte ignorieren, wie geschickt er sich für einen weißen Jungen von sechzehn Jahren anstellte.

Während sich Eminems Kunstfertigkeit im Rappen verbesserte, verschlechterten sich seine schulischen Leistungen. Er bekam verheerende Zeugnisse und fiel 1989 zweimal durch die Abschlussprüfungen. Man gestattete ihm zwar, sie im Herbst noch einmal zu wiederholen, aber er versagte wieder und wurde von der Schule verwiesen. In vielerlei Hinsicht war es eine Erleichterung, die sinnlose Quälerei zu beenden; aber dennoch stand er vor der unausweichlichen Frage, was er mit seinem Leben anfangen sollte.

Schön und gut, er wollte ein Rapper werden, aber er war noch weit davon entfernt, mit seiner Leidenschaft Geld zu verdienen. Noch waren die Reime in seinem Kopf keinen Cent wert und damit ließen sich keine Rechnungen bezahlen. Jetzt, da er nicht mehr in die Schule ging, lag ihm seine Mutter Tag und Nacht damit in den Ohren, dass er sich eine Arbeit suchen sollte. »Meine Mutter kam mir immer mit Sprüchen wie: ›Besorg dir endlich einen verdammten Job und hilf mir, die Rechnungen zu bezahlen, oder du fliegst raus‹«, erinnert er sich.

Er hatte während seiner Schulzeit etliche Gelegenheitsjobs angenommen, um sich ein paar Dollar nebenbei zu verdienen, aber jetzt brauchte er einen festen Job. Ohne einen Schulabschluss oder irgendwelche besonderen Fähigkeiten waren seine Möglichkeiten begrenzt. Schließlich bekam er eine Stelle für 5,50 Dollar die Stunde als Imbisskoch im Gilbert's Lodge Restaurant in einem Viertel namens St.

Clair Shores. Die Bezahlung lag nur ein paar Cent über dem gesetzlichen Mindestlohn, aber Mike Ruby hatte früher dort gearbeitet und ein gutes Wort für Eminem eingelegt.

Gilbert's Lodge ist ein Familienbetrieb und wie eine Jagdhütte dekoriert. An den Wänden hängen Geweihe und ein Elchkopf. Allen Mitarbeitern war sofort klar, dass dies keine Arbeit war, die Eminem länger als unbedingt nötig machen wollte. Aber die Arbeit in dem Restaurant sollte für viele Jahre sein Broterwerb bleiben.

Einerseits unterhielt Eminem seine Kollegen in dem ihm eigenen Stil, andererseits neigte er zu klugscheißerischen Bemerkungen und war ein unzuverlässiger Arbeiter. Manchmal trieb er seine Kollegen und Vorgesetzten mit seiner Art zur Weißglut. Er redete ständig über seine Träume vom ruhmreichen Leben als Rapstar, und häufig rappte er spontan die von der Bedienung aufgenommenen Bestellungen nach. Das war oft brillant und trug zur Belustigung des Küchenpersonals bei, aber seine verbalen Kunststücke gingen den gestressten Bedienungen auf die Nerven, besonders wenn er in geschäftigen Phasen in einen extravaganten Rap verfiel. Man kann sich die Szene gut vorstellen: ein zum Bersten gefülltes Restaurant, Hochbetrieb in der Küche und gereizte Gäste, die allmählich ungeduldig werden. Und mittendrin ein junger Möchtegern-Rapkünstler, dem der Job eigentlich egal ist und der die Speisekarte herauf und herunter rappt. Die Reaktion der anderen ist gut vorstellbar. »Hey, Marshall, halt dein verficktes Maul und koch!«

Sein damaliger Chef, Pete Karagiaouris, erinnert sich: »Marshall war ein guter Arbeiter, aber er rappte immer im Hintergrund alle Bestellungen, und manchmal musste ich ihn auffordern, seine Lautstärke zu drosseln. Musik war für ihn immer das Wichtigste überhaupt, aber ich wusste nie, ob er gut darin war. Ich selbst höre griechische Musik.«

Was Pete dagegen genau weiß, ist, worin Eminem nicht gut war: pünktlich zu sein und sich angemessen zu kleiden. Er kam ständig zu spät und tauchte oft in zerrupften Klamotten eine Minute vor Beginn seiner Schicht auf. Die Verspätungen und die mangelnde Arbeitsmoral brachten ihn häufig in Konflikt mit seinen Vorgesetzten. Er wurde sogar mehrmals fristlos gefeuert, aber, und das überrascht nicht bei seiner Wortgewandtheit, es gelang ihm jedes Mal ziemlich bald, die Verantwortlichen zu überreden, ihn wieder einzustellen.

Tagsüber arbeitete Eminem roboterartig im Gilbert's Lodge Restaurant und träumte davon, ein Star zu sein. Abends begann er zu leben und arbeitete an der Verwirklichung seines Traumes. Er hatte sich einen Grundstock an qualitativ hochwertigem Material erarbeitet und war als Rapper so weit gereift, dass er die Buh-Rufe während der Samstag-Sessions im Hip Hop Shop zum Verstummen brachte. Das gab ihm das Selbstvertrauen, sich in einigen ernsthaften Gigs auszuprobieren, und er trat in solchen Hardcore-Rapzentren wie dem Paladium, dem Ebony Forum und dem Shelter auf. Aber es waren Déjà-vu-Erlebnisse: Im selben Moment, in dem er zum Mikrofon griff, wurde er auch schon verhöhnt und ausgebuht. Es spielte keine Rolle, was er zu sagen hatte oder wie gut er war. Eminems Hautfarbe war dem überwiegend aus Schwarzen bestehenden Publikum Anlass genug, den Wigga auszulachen. Es war eine deprimierende Zurschaustellung von unverhohlenem Rassismus, an die sich Eminem noch gut erinnert.

»Sie buhten mich aus, als ich zum ersten Mal loslegte«, sagt er. »Ich konnte sehen, woher die Leute kamen, die mich dissten, aber ich kann wirklich nichts zu dem sagen, was in der Vergangenheit zwischen Weißen und Schwarzen passiert ist, weil ich damals noch nicht da war. Ich habe nicht das Gefühl, dass mich die Hautfarbe, mit der ich geboren wurde, zu einem wertloseren Menschen macht. Eine Weile dachte ich, verdammt, wäre ich als Schwarzer auf die Welt gekommen, müsste ich nicht diese ganze Scheiße durchmachen. Aber ich bin nicht blöd. Ich weiß, wie es für einen Schwarzen sein muss, wenn er versucht, einen Job in deiner Gesellschaft zu finden – aber Musik sollte etwas Universelles sein.«

Unter Umkehrung der Vorzeichen wurde Eminem auf seinen Platz verwiesen. Sich auf dem Terrain der Schwarzen Respekt zu verdienen, sollte ein langsamer und schmerzhafter Prozess werden.

Ganz allmählich, Schritt für Schritt, Rap für Rap, gewann Eminem einen kleinen Teil der Leute für sich. Sie begannen, über seine Hautfarbe hinwegzusehen und auf die Qualität seiner Reime zu hören. Gelegentlich waren einige noch nicht ganz rund und etwas naiv, aber der Junge hatte Talent und darüber hinaus eine coole Art. Trotzdem reichte das noch nicht aus. Jedem applaudierenden Zuhörer stand gleich eine ganze Menge gegenüber, die ihn auspfiff. Selbst die Anflüge positiver Resonanz wurden doppelzüngig verbrämt.

»Die Leute sagten immer: ›Für einen weißen Jungen bist du Dope‹, und ich nahm das als Kompliment«, erinnert er sich. »Dann, als ich älter wurde, begann ich, darüber nachzudenken. Fuck, was sollte das heißen? Niemand hat darum gebeten, geboren zu werden, niemand hat sich seine Hautfarbe ausgesucht oder ob er kräftig, dünn oder was auch immer sein will. Ich musste mich erst mühsam auf eine gewisse Stufe hocharbeiten, bevor die Leute überhaupt bereit waren, über meine Hautfarbe hinwegzusehen.« Eminems Kampf um Anerkennung in Detroit wurde nicht gerade leichter, als Ende des Jahres 1990 Vanilla Ice mit seinem weltweiten Smash-Hit »Ice Ice Baby« auftauchte. Der Track, der die Anfangsakkorde des Songs »Under Pressure« von David Bowie und Queen benutzte, machte Vanilla Ice zu einem Superstar.

Doch während er den Jetset und die Millionen genoss, brachte ihm sein Erfolg in der schwarzen Hip-Hop-Gemeinde Feindseligkeit und Hohn ein. Soweit es sie betraf, war Vanilla Ice nichts weiter als ein von einer Plattenfirma lanciertes Gimmick, um mit dem Aufstieg des Rap schnell Kasse zu machen. In den Augen vieler war er lediglich ein untalentierter Stümper. Und damit hatten diese Kritiker sogar Recht.

Vanilla Ice war ein hervorragend gemachtes Marketing-Phantom, das den Rap salonfähig und damit einem größeren Publikum zugänglich machte. Die weißen Kids und selbst ihre Eltern liebten den Song. Es ist eine unbestreitbare Tatsache, dass Vanilla Ice und seine Macher allein deshalb, weil er weiß war, einen bis dahin brachliegenden Markt anzapfen konnten. Das Geld, das Vanilla Ice während der kurzen Zeit auf dem Gipfel seines Ruhms einspielte, ließ den Erfolg, den die etablierten schwarzen Hip-Hop-Künstler genossen hatten, unbedeutend erscheinen. Als hätte es Eminem nicht ohnehin schon schwer genug gehabt, legte ihm die Ablehnung, die der rasante Aufstieg von Vanilla Ice erzeugt hatte, noch mehr Hindernisse bei seinem Kampf um Anerkennung in den Weg.

Plötzlich stand all den Zweiflern ein großer Fundus weiterer Beleidigungen zur Verfügung, und sie scheuten sich nicht, sie Eminem ins Gesicht zu schleudern. Kommentare wie »Oh, yeah, M&M, das ist doch Vanillas kleiner Bruder« oder »Da kommt Vanilla Ice Zwei« machten die Runde. Diese Beleidigungen streuten noch mehr Salz in Eminems Wunden.

Während der letzten Teenagerjahre feilte Eminem weiter an seiner Kunst und arbeitete nach wie vor in der Küche des Gilbert's Lodge. Eine weitere Konstante in seinem Leben zu dieser Zeit war seine Freundin Kimberly Scott. Sie waren seit einigen Jahren abwechselnd zusammen und getrennt, und unterhielten aber durchaus eine ernsthafte Beziehung. Allerdings veränderte sich der Grad ihrer Bindung praktisch täglich. An einem Tag waren sie zusammen, am nächsten gingen sie wieder auseinander. Sie hatten sich vor Jahren in einer der Schulen kennengelernt, die Eminem kurzfristig besucht hatte. Kim war zwei Jahre jünger als Eminem, ein hübsches und unternehmungslustiges Mädchen, die aber unreif und etwas verstört wirkte. Wie Eminem hatte auch sie ein turbulentes Familienleben ertragen müssen, und vielleicht verband diese gemeinsame Erfahrung sie ebenso sehr wie die körperliche Anziehung. Sie waren beide arm und sehnten sich nach Liebe und Sicherheit. Die fanden sie in ihrer Beziehung, doch auf der anderen Seite zogen ihre Bedürfnisse eine Reihe von Problemen nach sich, die ihr Verhältnis für alle Zeiten belasteten. Beide waren so verunsichert, dass sie einander nie völlig vertrauen konnten. Ihre Verbindung sollte sich zu einer von extremen Emotionen beherrschten Hassliebe entwickeln. Tief empfundene Liebe wechselte mit hasserfülltem Streit und bösartigen Beschimpfungen. Einerseits konnten sie nicht ohneeinander leben, andererseits hielten sie es kaum längere Zeit miteinander aus, ohne sich gegenseitig die Augen auskratzen zu wollen.

Eminems Beziehung zu Kim erwies sich als eine der prägendsten seines jungen Lebens, die den Verlauf seiner Karriere mit ebenso vielen Höhen und Tiefen widerspiegelte. Doch damals reichte der Blick des jungen Paars nicht über ihre unmittelbaren Lebensumstände und die Frage hinaus, wie sie das Geld für die nächste Miete aufbringen sollten. Seit er die Schule verlassen hatte, war Eminem ständig umgezogen. Seine Mutter hatte das Haus in Warren aufgeben müssen, und sie waren von einer Mietwohnung in die nächste gezogen. Der nomadische Lebensstil, in den er hineingeboren worden war, hatte Eminem wieder. Zeitweilig waren sie eine von nur drei weißen Familien in einer ansonsten rein schwarzen Wohngegend, und später lebten sie in einem jämmerlich kleinen Wohnwagen in der Nähe des Gilbert's Lodge. Für eine Weile, als die Situation bei ihr zu Hause unerträglich geworden war, zog Kim zu den Mathers, aber die Spannungen zwischen ihr und Debbie machten ein Zusammenleben unmöglich, und so suchten Eminem und sie sich eine eigene Wohnung.

Nun versuchten sie, sich eine gemeinsame Existenz aufzubauen. Im Verlauf der frühen 90er Jahre zogen sie auf der verzweifelten Suche nach ein wenig Lebensqualität von einem schäbigen und möglichst billigen Apartment zum nächsten. Während der Jahre, die Eminem im Gilbert's Lodge arbeitete, gab er seinen Vorgesetzten mehr als zwanzig verschiedene Adressen und Telefonnummern, unter denen er zu erreichen war. Dieses Leben führte Kim und ihn in einige der gefährlichsten Gegenden in den Vororten Detroits, wodurch sie zwangsläufig mit Kriminalität konfrontiert wurden. Immer wieder wurde in ihre verschiedenen Wohnungen eingebrochen. Langsam aber unaufhaltsam stahlen die Einbrecher ihnen all ihre wenigen Besitztümer. Zuerst verschwand der Fernseher, dann der Videorecorder, danach das Ersatzgerät und der CD-Spieler. Den traurigen Höhepunkt bildeten drei Einbrüche an drei aufeinander folgenden Tagen. Als die Täter das letzte Mal zurückkehrten und nichts mehr vorfanden, was sich mitzunehmen lohnte, schmierten sie sich stattdessen ein paar Sandwiches und stahlen die Lebensmittel. Für zwei Teenager, die sich bemühten, das Beste aus ihrem Leben zu machen, war es eine trostlose und deprimierende Existenz.

Doch alle Probleme, die Eminem bis dahin hatte ertragen müssen, verblassten im Winter des Jahres 1991 bis zur Bedeutungslosigkeit und traten hinter einem Ereignis zurück: dem Selbstmord seines Onkels Ronnie. Es war der tragischste Moment seines jungen Lebens und sollte nachhaltige Auswirkungen auf ihn haben.

Auch Ronnie war unter schwierigen Umständen aufgewachsen. Familiäre Probleme hatten ihn aus St. Joseph vertrieben. Sein Halbbruder Todd Nelson berichtete, dass die Mutter der beiden, Betty, Ronnie zu seinem leiblichen Vater nach Kalifornien geschickt hatte. Mit dem Zusammenleben klappte es aber nicht, und Ronnie landete als Obdachloser auf der Straße. Nach einer Weile kehrte er nach St. Joseph zurück und schlüpfte bei verschiedenen

Verwandten unter, bekam aber nirgendwo ein Bein auf die Erde. Mehrfach drohte er damit, sich umzubringen, aber das schien lediglich ein Hilferuf zu sein. Für kurze Zeit trat er in die Armee ein, wurde jedoch schon vor dem Ende der Grundausbildung wieder entlassen, weil er Angst vor Waffen hatte. Er kehrte ein weiteres Mal nach St. Joseph zurück, wo er aus verschiedenen Anlässen Ärger mit der Polizei bekam. Schließlich wurde er verhaftet, nachdem er in eine Schule eingebrochen war, und zu einer Bewährungsstrafe verurteilt.

Während dieser Zeit lebte er mit einem Mädchen in einem billigen Einzimmer-Apartment. Als nach heftigem Streit die Polizei gerufen wurde, sah Ronnie einer Gefängnisstrafe entgegen, weil er gegen die Bewährungsauflagen verstoßen hatte. Über das, was danach genau geschah, gibt es Meinungsverschiedenheiten unter einigen Familienmitgliedern; sicher ist nur, dass er in eine Nachbarwohnung einbrach und eine Schrotflinte stahl. Später wurde er mit einer Schusswunde im Kopf tot aufgefunden.

Ronnie war Eminem ein Vater, Bruder und Mentor gewesen. Als er starb, waren sie beide gerade erst neunzehn Jahre alt, und Eminem war so am Boden zerstört, dass er nicht einmal an Ronnies Beerdigung teilnehmen konnte. Offenbar raubte ihm der Schock für drei Tage die Sprache. Seine Liebe für seinen Onkel lebt zweifellos in ihm fort. Eminem hat »The Marshall Mathers LP« auch Ronnie gewidmet. In einigen seiner Songs gibt es Verweise auf den tragischen Tod seines Onkels, vor allen Dingen in »Stan«, wo Eminem verbal auf das Mädchen einschlägt, mit dem Ronnie vor seinem Selbstmord zusammen war.

I read about your uncle Ronnie too I'm sorry
I had a friend kill himself over some bitch who didn't want him

(Ich habe von deinem Onkel Ronnie gelesen, es tut mir leid.
Ein Freund von mir hat sich wegen irgendeiner Nutte umgebracht, die nichts von ihm wollte.)

Die Narben, die der Tod seines Onkels hinterließ, haben sich tief in Eminems Gemüt eingebrannt. Es fiel ihm schwer zu akzeptieren, dass einer der wenigen wirklich guten und positiven Menschen in seinem Leben nicht mehr da war. Für Eminem war es eine unfassbare Tragödie, dass ein so junger Mensch wie Ronnie verzweifelt genug gewesen sein konnte, um sich selbst das Leben zu nehmen. Niemand weiß, ob eine zerbrochene Liebesbeziehung der Grund für Ronnies Freitod war. Es ist anzunehmen, dass eine Kombination mehrerer Faktoren zu diesem tragischen Ende führte.

Es gibt die unterschiedlichsten Reaktionen auf den Selbstmord eines geliebten Menschen. Abgesehen von der emotionalen Erschütterung der Angehörigen kommt es häufig zu einem tief greifenden Schuldgefühl. Was hätte für Ronnie getan werden können? Warum hatte man seine Depressionen nicht wahrgenommen? Wieso hatte er nicht um Hilfe gebeten? All diese Gedanken und Gefühle müssen Eminem aufgewühlt haben. Wenn es irgendjemanden gegeben hatte, an den Ronnie sich in seiner Not hätte wenden können, dann war es zweifellos sein Neffe gewesen.

Eminem hat nie ausführlich über Ronnies Tod oder darüber gesprochen, welche Wirkung der Verlust auf ihn hatte. Doch wenn überhaupt, steigerte er noch seine Entschlossenheit, Erfolg zu haben, und sei es auch nur, um Ronnies Gedenken zu ehren. Ronnie hatte ihn mit dem Rap bekannt gemacht, und als Kinder hatten sie gemeinsam die ersten Bänder aufgenommen und davon geträumt, Stars zu werden. Nun, da Ronnie seinen Traum nicht mehr verwirklichen konnte, wollte Eminem ihn für sie beide erfüllen.

Kapitel 4

Battle MC

Eminems Kampf, akzeptiert und gehört zu werden, wurde zu seiner entscheidenden Antriebsfeder. Lange war er der geschmähte Außenseiter gewesen. Man hatte ihn so oft zusammengeschlagen und eingeschüchtert, dass er mit den Buhrufen und Sticheleien des rassistischen Rap-Publikums umgehen konnte. Trotzdem war er nicht bereit, sich damit abzufinden, im Gegenteil, die Ablehnung motivierte ihn. Die Schläger in mehr als einem Dutzend Schulen, die schwarzen Kids aus der Nachbarschaft, die ihn drangsaliert hatten, sogar die Eskapaden seiner Mutter, all dies hatte dazu geführt, dass er sich einen schützenden Stahlpanzer zugelegt hatte. Er ertrug alles. Ronnies so tragisch vergeudetes Leben hatte ihm eine neue Perspektive gegeben und ihn überzeugt, seinen Träumen treu zu bleiben und an sein Talent zu glauben. Und so ging er auch weiterhin abends in die Hip-Hop-Clubs und ergriff das »Open mic«. Wenn er ausgebuht wurde, setzte er sich mit größerer Lautstärke über den Lärm hinweg oder brüllte sogar, wenn nötig, bis er trotz der Pfiffe gehört wurde. Selbst wenn seine Beiträge als »Whack« abqualifiziert wurden, ein Slang-Ausdruck für Müll oder Abfall, kam er immer wieder und ließ einfach nicht locker. Fast überall, wo er auftrat, sah er sich einer Mauer aus Vorurteilen gegenüber, aber mit jedem Gig brach er einen kleinen Splitter aus ihr heraus. Und ganz langsam bildeten sich die ersten Risse in der Mauer.

Zu jener Zeit demonstrierte er seine Fähigkeiten bei jeder Gelegenheit, die sich ihm bot. Er war über die Fähigkeiten seiner Mitstreiter von Basement Productions hinausgewachsen; aber er umgab sich noch immer mit einer Schar von Rapper-Kollegen, die sich das Dirty Dozen nannte, abgekürzt D-12. Außerdem tat er sich mit einem Rapper namens Royce Da 5'9" zusammen, der sein ständiger Bühnenpartner wurde, und er legte sich einen Manager zu, Paul »Bunyan« Rosenberg. Zur Szene der Rap-Clubs gehörten heiße Partys, und Eminem genoss das wilde Leben, das sich an seine Auftritte anschloss. So war nicht alles, was er tat, nur Arbeit.

Darüber hinaus entwickelte er sich zu einem so genannten »Battle MC«, einem Rapper, der auf der Bühne oder an einer Straßenecke in einem Freestyle-Wettbewerb am offenen Mikro gegen einen anderen Rapper antritt. Diese Spielart läuft hauptsächlich darauf hinaus, die eigenen Reime so zu variieren, dass sie sich denen des anderen Rappers anpassen oder auf dessen Vorgabe antworten, und sie gehört zu den ultimativen Prüfungen für jeden Rap-Künstler. Die Kontrahenten müssen ihre Schlagfertigkeit in einem ungeprobten Match vor einem Live-Publikum unter Beweis stellen. Es ist wie ein Boxkampf, nur dass die Schläge nicht mit geballten Fäusten, sondern mit cleveren Reimen und Beleidigungen ausgeteilt werden. Dabei kann alles passieren. Wem während des Freestyles die Worte ausgehen, der wird in der Luft zerrissen und macht sich lächerlich. Schlägt man sich dagegen gut, erntet man Respekt. Es ist eine äußerst riskante Form der Selbstdarstellung, aber Eminem bewährte sich und wurde bemerkt. Wenn die Leute ihn zum ersten Mal sahen, hielten sie ihn für ein Leichtgewicht, doch sie merkten schon bald, dass er über eine tödliche verbale Gerade verfügte. Es war schon ein Erlebnis, einem weißen Jungen dabei zuzusehen, wie er es mit anderen geschickten schwarzen MCs aufnahm, und allmählich nahm das Publikum die geistige Gewandtheit des weißen Jungen zur Kenntnis.

Eminem bezieht sich in einem frühen Song mit dem Titel »Open Mic« auf eine dieser an Straßenecken ausgefochtenen Schlachten und seinen Kampf darum, sich Gehör zu verschaffen.

Hey yo, what's up man? Hey, yo you been here all day man
Y'all been here every weekend man
I don't ever get a chance to rap first man!
That's coz you whack!
What!? I ain't whack nigga, I got some raps for all y'all
Nigga my rap's fresh, I'm a-bust my raps first ...
I'm rapping I don't care what none of y'all say
I'm fresh, I'm fresh

(Hey, was geht, Mann? Hey, du warst den ganzen Tag hier, Mann.
Ihr alle wart jedes Wochenende hier, Mann.
Ich bekomme nie eine Chance, zuerst zu rappen, Mann!
Das liegt daran, weil du Dreck bist!
Was!? Ich bin kein Dreck, Nigga. Ich habe ein paar Raps für euch alle auf Lager.
Meine Raps sind heiß, Nigga, ich werde euch meine

Raps zuerst um die Ohren hauen ...
Ich rappe, es ist mir egal, was irgendeiner von euch dazu sagt.
Ich bin heiß, ich bin heiß.)

Eminems Fortschritte halfen Bunyan, ihm Auftritte zu verschaffen, aber zuerst musste Eminem seinen alten Künstlernamen ändern. Bunyan wollte, dass er das »M&M« ablegte, denn seiner Meinung nach war der Markenname von Süßigkeiten zu kitschig für einen ausgebufften Rapper. Nach reiflichem Überlegen wurde aus »M&M« schließlich »Eminem«, das war griffiger und schien einen einzigartigen Klang zu haben.

Neben den Clubauftritten begann Eminem in diesen frühen Jahren seiner Karriere auch, erste Erfahrungen im Radio zu sammeln. Er rief hartnäckig eine regionale Station an, WHYT-FM, und bedrängte die Verantwortlichen, ihn auf Sendung gehen zu lassen. Damals hatte WHYT-FM eine Ader für den Underground und unterstützte engagiert lokale Talente. Es strahlte regelmäßig eine Sendung namens »Friday Night Raw« aus, eine Freestyle-Rap-Show. Eminem wollte unbedingt darin auftreten, rief immer wieder an und schickte seine Demobänder ein, bis er schließlich eine Chance erhielt. Nachdem er einmal dabei war, hinterließ er einen derart starken Eindruck, dass er zu einem regelmäßigen Bestandteil der Show wurde. Die Moderatorin von »Friday Night Raw« war Lisa Orlando.

»Eminem wurde zu einem der wichtigsten Rapper unserer Sendung. Damals machten viele der Typen einen sehr aggressiven und gewalttätigen Rap. Eminem dagegen hielt sich mehr an die Wurzeln des Hip-Hop, er war sehr rhythmisch und hatte Humor. Er hatte Talent.«

Auch wenn Eminem Fortschritte in einer sehr harten Welt machte, erhielt er nicht immer die Unterstützung seiner Familie. Viele Menschen schrieben seinen Traum, ein berühmter Star zu werden, als unrealistisch ab. Seine Mutter bewies wenig Geduld und erwartete, dass er sich für einen traditionellen Berufsweg entschied. Kim hatte ihn anfangs unterstützt; doch als die Jahre vergingen, ihre Wohnungen immer trostloser wurden, und Rechnungen unbezahlt blieben, sehnte sie sich zunehmend nach einer verlässlicheren Möglichkeit, ihre gemeinsame Zukunft zu sichern.

Es fiel Eminem leicht, die negativen Reaktionen in den Clubs wegzustecken, die ihm keinen Erfolg gönnten; aber es verletzte ihn, wenn die Menschen, die ihm am nächsten standen, so wenig an ihn glaubten.

»Als wir jünger waren, unterstützte mich Kim in allem, was ich tat«, erinnert er sich. »Je älter wir wurden, desto mehr machte sich die Realität breit. Kim gehört zu den wirklich bodenständigen Menschen. Ich hörte von ihr ständig Sprüche wie: ›Hallo! Wach auf. Solche Dinge passieren Leuten wie uns nicht.‹ Ich war immer der Optimist nach dem Motto ›Yo, ich mach das schon‹, und ich riss mir weiter den Arsch auf. Ich war ein Rap-Fan, der das zu tun versuchte, was alle anderen taten. Um die Wahrheit zu sagen, ich habe wirklich nicht viel Unterstützung von irgendjemandem aus meiner oder aus Kims Familie erhalten. Ich hatte nur ein paar Freunde, auf die ich zählen konnte. Und mich selbst.«

Es war ein einsamer Weg auf der Suche nach Ruhm und Reichtum, aber Eminem ging ihn beharrlich weiter.

Wenn Eminems Hingabe an den Rap jemals einer wirklichen Prüfung unterzogen wurde, dann während des Jahres 1995, als sich herausstellte, dass Kim schwanger war. Er war zu diesem Zeitpunkt zweiundzwanzig, sie zwanzig. Mittlerweile lebten sie an der Armutsgrenze in einem Wohnwagen in St. Claire Shores, und beide hatten keine guten finanziellen Perspektiven. Eminem absolvierte ein paar Schichten im Gilbert's Lodge, aber das Geld war zu wenig zum Leben und zu viel zum Sterben. Eine gesicherte Zukunft war nicht in Sicht, erst recht nicht jetzt, da Kim ein Baby erwartete. Der schon lange auf ihm lastende Druck, seine Träume aufzugeben, erhöhte sich noch, als sich ihm und seinem Umfeld die drängende Frage stellte, wie er eine junge Familie versorgen wollte, wenn er kaum sein eigenes Leben in den Griff bekam.

Man kann seiner Familie ihre skeptische Haltung verzeihen, denn sie musste den Eindruck gewinnen, dass sich das Rad des Schicksals einmal vollständig herumgedreht hatte. Vor mehr als zwanzig Jahren hatte Eminems Vater eine jüngere Frau geschwängert, und das Ergebnis war ein hartes Los für Debbie Mathers und ihren Jungen gewesen. Stand Eminem, Kim und ihrem ungeborenen Kind jetzt das gleiche Schicksal bevor? Das waren nicht unbedingt hoffnungsvolle Aussichten. Es gab nur einen positiven Aspekt. Sie liebten sich tief und innig und hielten fest zueinander – zumindest den größten Teil der Zeit.

Je weiter Kims Schwangerschaft voranschritt, desto verzweifelter versuchte Eminem, den Durchbruch als Rapper zu schaffen. Er war mehrere Jahre lang mit viel Herzblut live aufgetreten, aber noch immer war nicht an einen Plattenvertrag zu denken. Der Reichtum, von dem er geträumt hatte, schien in so weiter Ferne wie zu Beginn seiner Karriere zu liegen. Wie lange würde er seinen Glauben und seine Motivation noch aufrecht erhalten können? Angesichts seiner bevorstehenden Vaterschaft brauchte er dringend ein Erfolgserlebnis, das das Festhalten an seinen Träumen rechtfertigte. Wie sollte er seinem Kind ein gesichertes Familienleben bieten, wenn alles, was er bisher vorzuweisen hatte, ein paar spontane Gigs in den umliegenden Clubs und sein Job als Koch waren?

Der Durchbruch kam schließlich völlig unerwartet. Eines Abends, als Eminem während einer dieser Live-Sessions im Radio mit Herz und Seele rappte, erregte er die Aufmerksamkeit von zwei Brüdern, die den Sender während einer Fahrt durch die Stadt eingeschaltet hatten. Marky und Jeff Bass waren zwei aufstrebende, junge weiße Produzenten, die lokale Projekte mit einer Firma namens Web Entertainment entwickelten. Ihr Einfluss auf nationaler Ebene war nicht gerade groß, aber sie hatten sich in der Region einen beachtlichen Respekt verschafft, und Eminems Sound und seine Freestyle-Fähigkeiten hauten sie förmlich um. Sie fanden ihn sofort »phänomenal« und wollten ihn kennenlernen. Sie riefen den Radiosender an, erklärten den Leuten, was sie vorhatten, und so wurde ein Treffen vereinbart.

Kurze Zeit später saßen sie zusammen, und es funkte auf Anhieb. Sie teilten so viele ähnliche Ideen und Träume darüber, es auf dem Gebiet des Rap zu etwas zu bringen. Nachdem sie mehr von Eminems Arbeit gehört und ihn live erlebt hatten, waren sie noch überzeugter, dass er ein echtes Talent war und zu etwas Besonderem aufgebaut werden konnte. Außerdem glaubten sie, dass sie das Zeug hatten, das Beste aus ihm herauszuholen. Damit begann ihre Zusammenarbeit.

Schon bald hatten die Bass-Brüder ihre anderen Projekte zurückgestellt, um all ihre kreative Energie auf Eminem zu konzentrieren. Er nahm die Arbeit in ihrem Studio auf, und sie bereiteten einige Tracks für Demobänder vor, die sie den Talent-Scouts der maßgeblichen Plattenfirmen brachten. Es war genau die Art der Unterstützung, von der Eminem immer geträumt hatte.

Plötzlich war er nicht mehr der verlachte Einzelkämpfer, der sich auf jede sich ihm bietende Chance stürzen musste, sondern konnte auf die Rückendeckung von zwei talentierten Produzenten zählen. Es war eine gewaltige Erleichterung für ihn, endlich kompetente Leute auf seiner Seite zu haben, aber niemand kann behaupten, er hätte es sich nicht verdient.

Mit den Bass-Brüdern zusammenzuarbeiten, verbesserte Eminems Stellung in der Szene Detroits. Die Brüder hatten viele Ideen und verfügten über ein Netz guter Kontakte, die sich nur positiv auf Eminems weitere Karriere auswirken konnten.

Schon bald zeichnete sich ab, dass ihr Schützling ein echter Profi und ein Perfektionist war. Er verbrachte unzählige Stunden im Studio, und die Leute, die ihn bei der Arbeit erlebten, erinnern sich, dass es nicht ungewöhnlich war, wenn er Dutzende Male eine einzige Zeile so lange verbissen wiederholte und sich erst dann zufrieden gab, wenn sie exakt so klang, wie er sie beabsichtigt hatte. Es waren sowohl diese Hingabe als auch sein Ideenreichtum, die die Bass-Brüder tief beeindruckten und sie in ihrem Glauben an ihn bestärkten.

Als sie ein paar Stücke fertig gestellt hatten, produzierten sie ein Demoband, von dem sie Kopien an die lokalen Radiostationen und die Hip-Hop-Plattenläden verteilten.

Eminem nahm Kopien als Arbeitsprobe in die Clubs mit, in die er ging. Darüber hinaus wurden weitere Kopien den diversen Plattenfirmen zugeschickt. Sie hofften, dass von diesem Band der Funke überspringen und zum Startschuss für Eminems professionelle Karriere werden würde, doch sie täuschten sich gründlich. Die Resonanz auf das Demoband unterschied sich nicht von der auf Tausende anderer Bänder überall auf der Welt: vollkommene Gleichgültigkeit. Wenn es überhaupt gespielt wurde, dann bewegte es nichts und niemanden, denn die begeisterten Anrufer, die Eminem einen Plattenvertrag anboten, blieben aus. Wahrscheinlich war es ohnehin ungehört auf einem riesigen Stapel zwischen den verstaubten Demobändern all der anderen Träumer gelandet.

Auf der unteren Ebene dagegen wurde Eminem gut aufgenommen. In den Szene-Clubs hatten die Buhrufe mehr oder weniger aufgehört. Eminem war zwar alles andere als das Idol der Stunde, und es gab noch immer rassistische Spannungen, doch er erhielt genug positive Resonanz, die ihn aufmunterte und das Interesse der Bass-Brüder an ihm wachhielt. Sie hatten Geld und Zeit in die Produktion des Demotapes investiert, aber sie beschlossen, die Enttäuschungen wegzustecken und mit neuem Material am Ball zu bleiben. Eminem sprudelte nur so über vor Ideen, und sie glaubten an ihn. Also kehrten sie ins Studio zurück und begannen damit, weitere Stücke aufzunehmen.

Gegen Ende des Jahres 1995 nahm der auf Eminem lastende Druck weiter zu. Er schuftete wie ein Besessener im Studio der Bass-Brüder an der Entwicklung neuer Songs, absolvierte nebenher weiter seine Auftritte in und um Detroit und arbeitete so viel wie möglich im Gilbert's Lodge.

Sein Verhältnis zu Kim einigermaßen im Lot zu halten, gehörte zu den schwierigsten Aufgaben, die er zu bewältigen hatte. Die Streitereien aber hielten an. Sie hatten sich verlobt, Kim war mittlerweile hochschwanger und machte sich unverkennbar Sorgen um ihre Zukunft und die ihres Kindes. In ihren Augen brachte der Versuch ihres Freundes, Starruhm zu erlangen, indem er in ein Mikrofon reimte, nichts ein. Sie quälte sich ständig mit den Fragen, wo sie wohnen und womit sie die Lebensmittel, die Kleidung, die Arztrechnungen und all die anderen Dinge bezahlen sollten, die ihnen mit der Geburt des Babys ins Haus stehen würden. Wie sie Eminem wiederholt gesagt hatte, passierten die Dinge, die er sich erhoffte, nur glücklichen Menschen, nicht abgebrannten Leuten wie ihnen, die in einer Wohnwagensiedlung hausten. Und nichts, was sie von Eminems Bemühungen gesehen oder gehört hatte, konnte sie davon überzeugen, sich zu täuschen.

Am 25. Dezember 1995 brachte Kim ihre Tochter Hailie Jade Scott zur Welt. Für ein Paar, das kein Geld hatte, um sich irgendetwas Wertvolles schenken zu können, war Hailie das wertvollste Geschenk überhaupt. Die Geburt seiner wunderschönen Tochter scheint Eminem emotional tief getroffen zu haben. Er vergötterte sie wie nie etwas zuvor in seinem Leben. Ihre süße Unschuld und ihre reine Schönheit gaben ihm Hoffnung, aber allmählich dämmerte ihm auch, welche Verantwortung die Vaterschaft tatsächlich mit sich brachte. Er hatte diesem zarten Baby gegenüber hier und jetzt seine Pflicht zu erfüllen. Hailie benötigte Nahrung, Kleidung und ein warmes, behagliches Zuhause. All seine Träume und Bemühungen in Sachen Rap spielten keine Rolle für seine kleine Tochter, denn sie brauchte seine Hilfe jetzt und nicht irgendwann in der Zukunft, falls sich seine Mühen überhaupt auszahlen sollten. Seine Hoffnungen auf den Abschluss eines großen Plattenvertrags waren bedeutungslos für ein schreiendes Baby.

Die Realität der aktuellen Situation veranlasste Eminem, seine Musik auf Sparflamme zu schalten. Seine Karriere musste einfach hinter den Bedürfnissen seiner Tochter zurücktreten, und so reduzierte er die Zahl seiner Auftritte und die Zeit, die er im Tonstudio verbrachte. Stattdessen legte er Extraschichten im Restaurant ein und arbeitete sich die Seele aus dem Leib, um so viel Geld wie möglich für seine neue Familie zu verdienen.

Für jemanden, der von seinem Naturell her so unkonventionell wie Eminem ist, war es bemerkenswert, mit welcher Inbrunst er sich in einen ganz normalen Lebenswandel stürzte. Er liebte Hailie so sehr, dass er bereit war, all seine Auftritte und Partys zurückzustellen und ununterbrochen zu arbeiten, um sie versorgen zu können. Seine Kollegen im Gilbert's Lodge waren überrascht, Eminem manchmal bis zu sechzig Stunden wöchentlich in der Küche schuften zu sehen.

»Er wollte nicht, dass seine Tochter wie er aufwachsen, von einem Tag zum nächsten leben und jede Woche einmal umziehen musste«, sagt Mike Mazur.

Eminem erinnert sich bis heute sehr gut an diese Periode. »Ich hatte eine schreckliche Angst, sie nicht so aufziehen und unterstützen zu können, wie es sich für einen Vater gehört«, sagt er einfach.

Diese Angst half ihm, zehn und manchmal bis zu zwölf Stunden am Stück im Gilbert's Lodge auf den Beinen zu bleiben. Allein der Gedanke an seine wunderschöne Tochter gab ihm die Geduld und die Kraft, den Ärger herunterzuschlucken, der jedes Mal in ihm aufstieg, wenn der Personalchef oder der Manager ihn anschrien, sich zu beeilen. Anstatt irgendeine spitzfindige Bemerkung zu erwidern oder ihnen zu sagen, wohin sie sich ihren lausigen Job stecken sollten, dachte er an Hailie, senkte den Kopf und fuhr fort, zu kochen und Geschirr zu spülen.

Es war nicht leicht, ein weißes Baby in der Gegend großzuziehen, in der Eminem und Kim sich niedergelassen hatten. Sie waren eine von nur wenigen weißen Familien, und wieviel Geld er auch verdiente, es konnte die dort schwelenden Rassenkonflikte nicht lösen. Die Vorstellung, seine Tochter könnte mit den gleichen, rassistisch motivierten Misshandlungen wie er aufwachsen, schmerzte Eminem.

»Kleine Kinder liefen durch die Straße und riefen: ›Seht mal das weiße Baby!‹«, erinnert sich Eminem. »Ständig hieß es ›weiß hier, weiß da.‹ Wenn wir auf unserer Veranda saßen und ganz still waren, konnten wir hören: ›Tuscheltuschel *weiß,* tuschel-tuschel *weiß.*‹ Ich sagte mir: ›Yo, scheiß drauf! Das ist es nicht wert, ich hau' hier ab.‹ Ich wollte ein Haus in den verfickten Vororten, stritt mich mit meinem Mädchen und fragte sie: ›Merkst du nicht, dass die uns hier nicht haben wollen?‹«

Als hätte Eminem während Hailies erstem Lebensjahr nicht schon genug Sorgen gehabt, bekam er auch noch Probleme mit seiner Mutter und dem mittlerweile zehnjährigen Nathan. Vertreter der Schulbehörde beschuldigten Debbie, ihren Sohn zu misshandeln. Sie sagten vor Gericht aus, Debbie hätte ihren Sohn getreten und geschlagen und dann die Ausrede vorgeschoben, er wäre in der Schule misshandelt worden. Außerdem attestierten sie ihr eine »äußerst misstrauische, beinahe paranoide Persönlichkeit«.

Ein Sozialarbeiter deutete gar an, sie würde unter dem Münchhausen-Syndrom leiden, einer psychischen Störung, die dazu führt, dass ein Elternteil ein Kind verletzt, um dadurch Aufmerksamkeit und Mitgefühl zu erringen. Es war eine sehr ernste Situation für die gesamte Familie, die noch dadurch verschlimmert wurde, dass Eminem gezwungen war, vor Gericht gegen seine Mutter auszusagen. Schließlich wurde Nathan für ein Jahr in ein Pflegeheim gesteckt, bevor Debbie wieder das Sorgerecht zugesprochen bekam.

Allmählich stellten sich Eminems kreative Bedürfnisse, die ihn so lange angetrieben hatten, wieder ein. Er spürte, dass es seine Bestimmung war, ein Rap-Künstler zu werden, und er konnte den Ruf seines Herzens nicht länger ignorieren. Es gab Ideen zu entwickeln, Dinge auszusprechen, Leute zu beeinflussen. Er hatte das Gefühl, dass er auf die Welt gekommen war, um durch seine Reime mit den Menschen zu kommunizieren und nicht, um als Koch auf Autopilot seine Tage zu fristen und auf den Zahltag zu warten.

Dieser Job führte ihn in eine Sackgasse, und das wusste er. Die Bass-Brüder wollten weiter mit ihm arbeiten, und sie sagten, sie würden fest genug an ihn glauben, um ein Debüt-Album zu finanzieren. Sie wären bereit, das Projekt zu starten, sobald er bereit wäre. Und so befand sich Eminem schon bald wieder im Studio und tat das, was er am besten konnte, sich Herz und Seele aus dem Leib zu rappen.

Der Titel des Albums, das mehrere Monate später erschien, war »Infinite«, ein Stück voller Optimismus und überschäumendem Ehrgeiz. Eminem hoffte inbrünstig, dass dies der Durchbruch werden würde, der das Ende seines Jobs im Gilbert's Lodge bedeutete. Er war stolz auf sein Debüt und glaubte, dass im Großteil des Materials riesiges Potential stecken würde. Es enthielt einen Mix aus Stücken mit Texten, die sich um Liebesgeschichten und den Versuch drehten, es trotz aller Schicksalsschläge zu etwas zu bringen. Diese Rap-Songs spiegelten das Leben wider, das Eminem in den Monaten unmittelbar vor dem Schreiben der Texte geführt hatte. Er hatte mit seiner Vaterschaft, seinem Verhältnis zu Kim und einem schlecht bezahlten Job gekämpft, und er war besessen von dem Gedanken, seiner Tochter eine sorglose Zukunft zu schaffen. Eigentlich war die Zielrichtung seiner Songs völlig in Ordnung, aber der Tonfall seiner Stücke traf nicht den Nerv der Zeit und verfehlte den Geschmack der wählerischen Rap-Hörer von Detroit. Dort mochte man es härter, – und Eminems Songs waren zu sanft.

Mehr als tausend Kopien von »Infinite« wurden in Vinyl gepresst, an die unabhängigen Plattenläden in und um Detroit ausgeliefert und an die Musikkritiker der lokalen Presse und Radiosender geschickt. Danach lehnten sich Eminem und die Bass-Brüder zurück und warteten auf die Reaktionen. Die Reaktionen kamen – und sie waren verheerend!

Die Rezensionen von »Infinite« waren überaus negativ. Es war ein Desaster. Die Kritiker hassten das Album, und ihre beißenden Verrisse erschienen sowohl in den lokalen Zeitungen und wurden auch im Radio gesendet. Auf der Straße und in den Clubs waren die Reaktionen ebenso negativ und führten zu einem Wiederaufleben vieler rassistischer Kommentare. Die Leute waren der Ansicht, dass Eminem noch immer ein »Wigga« war, der sich zu weit auf

Eminem während eines heißen Auftritts in Las Vegas im Jahr 2000.
(WENN/Scott Harrison)

Eminems Großmutter, Betty Kresin (WENN)

Eminem steht stolz hinter seinem Halbbruder Nathan, der seine Haare gebleicht à la Slim Shady trägt. (WENN)

Rechte Seite: **Eminem mit Tochter Hailie Jade und Mutter Debbie auf einer Familienfeier im Juni 1999.** (WENN)

Oben:
Im Video zum Smash-Hit »The Real Slim Shady« nimmt er Britney Spears auf den Arm.
(WENN)

Links:
Eminem und Kim kennen sich seit Kindertagen, in ihrer Beziehung gab es viel Liebe und Leidenschaft, aber auch viel Schmerz.
(WENN)

Grosses Bild:
Eminem bringt die Mädchen zum Schreien.
(WENN/Scott Harrison)

'Nuff respect. Eminem und Dr. Dre machen Party bei den MTV Video Music Awards in New York im September 1999. (WENN)

Links:
In Handschellen und demütig. Eminem muss sich wegen unerlaubten Waffenbesitzes vor Gericht verantworten, Juni 2000. (WENN)

Rechte Seite:
Dr. Dre: Eminems Entdecker, Mentor und Freund – und der Godfather des Rap. (Tibor Bozi)

Eminems Markenzeichen: Irgendeinen Finger zeigt er fast auf jedem Foto.
(WENN/Wilberto Boogard)

fremdes Terrain vorgewagt hatte und versuchte, den Stil etablierter Rap-Stars zu kopieren.

Detroit ist ein riesiger Rap-Markt, auf dem eine Menge Rap-Künstler und -gruppen um den Durchbruch kämpfen, und so gab Eminem ein leichtes Ziel für sie ab. Es wurden ein paar Exemplare des Albums verkauft, aber darüber hinaus rief es keinerlei Interesse hervor, und auf der kommerziellen Ebene war es ein solcher Flop, dass die Bass-Brüder ihre Investitionen abschreiben konnten.

Jeder Künstler muss lernen, herbe Kritik zu ertragen, aber Eminem litt wie ein Hund. Bei jemandem, der so viele Schläge auf seinem Lebensweg hatte einstecken müssen, hätte man erwartet, dass er auch diesen Rückschlag verkraften würde, aber das war selbst für Eminem zu viel. Er hatte einen Teil seiner Seele in das Album gesteckt, und zu hören, wie es von den Leuten verrissen wurde, machte ihn fertig. Vielleicht, dachte er sich, war er einfach zu ehrgeizig gewesen, um sich so früh an ein derart großes Projekt herangewagt zu haben.

»Mit ›Infinite‹ habe ich versucht herauszufinden, wie mein persönlicher Rap-Stil sein sollte, wie ich am Mikro klingen und mich präsentieren wollte«, sagt er heute. »Es war eine erweiterte Bühne für mich. Es kam mir so vor, als wäre ›Infinite‹ eine Demo gewesen, die einfach zu einer Platte gepresst worden war. Aber ich war noch zu jung, Mann. Ich wusste nicht, was ich tat. Ich reimte, ich wusste, dass ich Wörter aneinanderreihen konnte, aber ich kannte einfach noch nicht die vollständige Formel. Es war übertrieben hip-hop-mäßig, weil dieser Reimstil damals gerade so richtig angesagt war, und deshalb wurde es kein gutes Album.« Und über die Musikszene Detroits sagt er: »Das ist wie in einem Korb voller Krabben. Alle kämpfen darum, ganz nach oben zu kommen, und reißen dabei den jeweils nächsten nach unten. Man hat mir jeden erdenklichen Vorwurf an den Kopf geworfen – weiß zu sein, nicht reimen zu können oder den Stil eines anderen zu imitieren, dies oder das. Jeden Vorwurf. Ich bekam eine Menge Feuer nach dieser Platte. Sie warfen mir vor, ich würde versuchen, wie Nas oder AZ oder jemand aus New York zu klingen. Sie sagten: ›Du bist weiß, du solltest nicht rappen. Du solltest Rock 'n' Roll machen.‹ Dieser ganze Scheiß fing an, mich anzupissen, und nach dieser Scheibe wurde jeder Reim, den ich schrieb, immer wütender. Ich begann, diese Wut in meinen Songs rauszulassen. Das war der Zeitpunkt, als ich zu mir selbst fand.«

All die giftigen Kritiken trafen Eminem im Mark und veränderten ihn. Er war erst zweiundzwanzig Jahre alt, aber er hatte bereits den Zorn eines ganzen langen Lebens in sich aufgestaut. Die bösartigen, oft persönlichen Angriffe, die er nach dem Erscheinen von »Infinite« hatte erdulden müssen, schmerzten ihn mehr als alles andere. Mit diesem Album hatte er alles auf eine Karte gesetzt. Er hatte seine Schichten im Restaurant heruntergefahren, um die Platte aufzunehmen und vorzustellen, und jetzt war er verschuldet. Er war gezwungen gewesen, erneut umzuziehen, und wohnte nun mit Kim und dem Baby in einer ekelhaften Bude, umgeben von Crack-Süchtigen. Das Apartment war mehrfach ausgeraubt worden. Nachts heulten ständig Polizeisirenen, und oft klangen Schüsse auf, wenn rivalisierende Drogen-Gangs um die Vorherrschaft im Viertel kämpften.

Eminem konnte seiner Verlobten und seiner kleinen Tochter nicht einmal ein anständiges Zuhause bieten. Was für ein Mann war er nur? Als wären die Dinge nicht schon schlimm genug, hatte er die Geduld seiner Arbeitgeber mit seinem unberechenbaren Verhalten und seinen ständigen Verspätungen endgültig überstrapaziert und wurde unmittelbar vor Weihnachten 1996 gefeuert. Ihre Begründung lautete, er wäre unpassend für seine Arbeit gekleidet, aber sie hätten auch eine Vielzahl anderer Gründe anführen können.

Als Weihnachten – und damit Hailies erster Geburtstag – näher rückte, hatte Eminem nur noch vierzig Dollar in der Tasche, nicht einmal genug, um seiner Tochter eine Kleinigkeit zu ihrem ersten Geburtstag zu schenken. Zu sagen, es sei eine traurige Zeit gewesen, wäre eine maßlose Untertreibung.

Eminem war ein gebrochener Mann, er hatte seinen Tiefstpunkt, *rock-bottom,* erreicht. In einem Moment äußerster Verzweiflung versuchte er, sich das Leben zu nehmen. Niemand weiß, wie ernsthaft der Selbstmordversuch war.

Trotzdem war er immer noch nicht ganz geschlagen. Er hätte einfach aufgeben und resignieren können, doch auf die Verzweiflung folgte Inspiration. Sein Kopf war wie ein Druckkessel, der vor Verbitterung und Wut brodelte, und plötzlich explodierte er und wurde zu einem vor Gift, Hass und Rachegelüsten sprühenden Geysir.

Während die Welt an diesem Weihnachtstag die Geburt Jesu feierte, begrüßte Eminem die Ankunft von etwas völlig anderem. Es war die Geburt des wahren Eminem und des Antichristen in ihm: Slim Shady.

Kapitel 5

Slim Shady Is Born

Der Legende nach geschah es ausgerechnet auf der Toilette, dass sich Eminem in Slim Shady verwandelte. Welcher Ort wäre auch geeigneter gewesen?

»Ich saß da, und – bumm! – überkam mich der Name. Sofort dachte ich an all die Wörter, die sich darauf reimen, und so wischte ich mir den Arsch ab, stand auf, verließ die Toilette und rief jeden an, den ich kannte.« Und das war der finstere Beginn einer der größten Rap-Sensationen in der Musikgeschichte.

Slim Shady war das Ergebnis aller Enttäuschungen, des Hasses und der Wut – der gesamten Scheiße, die sich in Eminems Kopf angesammelt hatte. Slim war Eminems dunkle Seite und das geeignete Vehikel, um all das Schlechte loszuwerden, das ihn von innen her auffraß. Für Eminem war das Leben unerträglich, und Slim war der Charakter, der artikulieren konnte, wie es war und ist, der sich für alle Ungerechtigkeiten rächte, von denen sein Alter Ego fühlte, dass sie sein Leben zerstört hatten.

Es war eine Phase der innerlichen Reinigung für Eminem, und er schrieb mit wieder erwachtem Elan. Der erste Song, bei dem der Geist Slim Shadys seine Hand führte, war »Rock Bottom« und begann mit folgenden Worten:

Ah yeah, Yo!
This song is dedicated to all the happy people
To all the happy people who have real nice lives
And have no idea what it is like to be as broke as fuck

(Ah ja, yo!
Dieser Song ist all den glücklichen Menschen gewidmet,
den glücklichen Menschen, die ein wirklich schönes Leben führen
und keine Ahnung haben, was es heißt, völlig abgebrannt zu sein.)

Das Stück entsprang seinen verheerenden weihnachtlichen Depressionen und zeigt all den Schmerz und das Elend eines Lebens am Rande des Abgrundes auf. Es ist ein bewegendes Zeugnis dessen, was Eminem durchgemacht hatte, und war seine Art, sich zu wehren. Für Eminem konnte es von diesem Punkt an nur noch aufwärts gehen. Der Text geht weiter:

Minimum wage got my adrenalin caged
Full of venom and rage
Especially when I'm engaged
And my daughter's down to her last diaper
That's got my ass hyper

(Mindestlohn hat das Adrenalin in mir aufgestaut,
voller Gift und Wut,
besonders jetzt, da ich verlobt bin,
und meine Tochter bei ihrer letzten Windel angekommen ist.
Das hat mir den Arsch in Brand gesetzt.)

Web Entertainment war kurz davor gewesen, Eminem fallen zu lassen. Die Bass-Brüder hatten zu viel Zeit und Geld in ihn investiert und waren zu der Überzeugung gelangt, kaum noch etwas tun zu können. So viel Mühe war in das Album »Infinite« geflossen und hatte nichts bewirkt. Es schien an der Zeit, sich von Eminem zu trennen und einen Schlussstrich zu ziehen, bevor es zu spät war. Doch als sie sein Slim-Shady-Material hörten, haute es sie förmlich um, und sie wussten sofort, dass sie weiter an ihm festhalten mussten. Sie spürten, dass er zu viel anzubieten hatte, als dass man ihn wieder sich selbst hätte überlassen dürfen. Und so kehrten die Bass-Brüder und Eminem ins Studio zurück, und sie begannen mit der Arbeit an dem, was die »Slim Shady EP« werden sollte.

Das Alter Ego Slim Shady war das perfekte Vehikel für Eminem, um alles, was seinen Zorn erregte, zu verfluchen und zu beschimpfen. All seine anstößigen Texte einem fiktiven Charakter in den Mund zu legen, eröffnete ihm die Möglichkeit, sich so bösartig und widerwärtig aufzuführen, wie er wollte. Kein Thema war tabu, und im Verlauf der ersten Monate 1997 arbeitete er wie besessen an den neuen Songs. Es gelang ihm, die Verantwortlichen im Gilbert's Lodge zu überreden, ihn wieder einzustellen, so dass er die meisten laufenden Rechnungen bezahlen konnte, aber nebenbei schrieb er wie der Teufel. Die aus ihm hervorsprudelnden Texte befreiten seinen Geist. Er schrieb über Drogen und Sex, über die Leute, die er hasste, und seinen Job, den er verabscheute, über seine Sauforgien und die Drogen, die er nahm, besonders über seine Vorliebe für Joints oder »Blunts«, wie er sie nennt. Er attackierte alles und jeden, der in sein Blickfeld geriet. Er zog über die lokale Musikszene her und pickte sich die Leute in Schlüsselpositionen heraus, die er beschuldigte, ihn in der Vergangenheit gedisst zu haben. Jeder Einfall brachte einen neuen Blickwinkel und eine ganze Palette von Reimen. Slim Shady entfesselte Eminems Kreativität. Die Songtexte flossen nur so aus ihm heraus und füllten zahllose Notizblöcke. Seite um Seite ausgeklügelter Reime entstand, und er umriss diese neue Welt grenzenloser Freiheit in dem Stück mit dem passenden Titel »Just Don't Give A Fuck«:

This is a lyrical combat, gentlemen, hold your pistols
But I form like Voltron and blast you with my shoulder missiles
Slim Shady, Eminem was the old initials (Bye bye!)
Extortion, snortin', supportin' abortion
Pathological liar, blowin' shit out of proportion
The looniest, zaniest, spontaneous, sporadic
Impulsive thinker, compulsive drinker, addict
Half animal, half man

(Dies ist eine Schlacht mit Worten, Gentlemen, lasst die Pistolen stecken,
aber ich gebärde mich wie Voltron und puste euch weg mit meiner Panzerfaust.
Slim Shady, Eminem stand für die alten Initialen (bye-bye!),
Erpresser, Dreckschleuder, Abtreibungsbefürworter,
pathologischer Lügner, der jede Scheiße übermäßig aufbläht,
der verrückteste, durchgeknallteste, spontane, sporadische,
impulsive Denker, zwanghafte Trinker, der Süchtige,
halb Tier, halb Mensch.)

In »Low, Down, Dirty« stellt er die Frage: »Wie, um alles in der Welt, können Eminem und Shady miteinander verwandt sein?« Daraufhin lässt er eine Reihe von Unflätigkeiten vom Stapel, wie es sie nie zuvor in seinen Rap-Texten gegeben hat. Des Weiteren stellte er seine Fähigkeit unter Beweis, boshafte Attacken gegen Prominente zu führen, was zu einem festen Bestandteil seiner zukünftigen Arbeit werden sollte. Hier ist eins seiner Opfer die Schauspielerin Margot Kidder, die in den Superman-Filmen die Rolle der Lois Lane spielte und später einen in aller Öffentlichkeit ausgelebten Nervenzusammenbruch hatte. Der erste Vers des Songs enthält unter anderem die Zeilen:

Illiterate, illegitimate shit spitter
Bitch getter, hid in the bush like Margot Kidder
Jumped out (Ahhhh!) killed the bitch and did her
Used to let the babysitter suck my dick when I was little'er
Smoke a blunt while I'm titty fuckin' Bette Middler

(Ungebildete, illegitime Dreckschleuder,
Nuttenfreund, verkroch mich im Gebüsch wie Margot Kidder,
sprang raus (Ahhhh!), brachte die Nutte um und machte sie fertig.
Ich ließ mir von der Babysitterin einen blasen, als ich noch kleiner war,
rauche einen Joint, während ich Bette Middler zwischen die Titten ficke.)

Das Publikum in den Hip-Hop-Schuppen von Detroit bemerkte schnell die Veränderung, die mit Eminem vorgegangen war. Es konnte ihm nicht länger vorwerfen, den

Stil eines anderen Rappers zu imitieren. Es war eindeutig eine neue Stimme, mit der er sprach, und sie machte die Leute neugierig, auch wenn sie noch von ihr überzeugt werden mussten. Die sanften Texte von »Infinite« waren passé. An ihre Stelle waren scharfzüngige Songs mit fesselnd cleveren und manchmal alle Grenzen des guten Geschmacks sprengenden Reimen getreten.

»Ich hatte nichts zu verlieren, aber einiges zu gewinnen«, erinnert sich Eminem. »Wenn ich ein Album für mich machte und es zu *meiner* Zufriedenheit ausfiel, dann würde ich Erfolg haben. Wenn nicht, dann würden meine Produzenten aus der ganzen Rap-Geschichte aussteigen. Ich machte den Shit, den *ich* hören wollte. Auf der ›Slim Shady EP‹ schlug ich auf jeden ein, der irgendeine Scheiße über mich erzählte.«

Slim Shady übernahm die volle Kontrolle über Eminems Leben und Musik, aber nicht alle begrüßten diese neue Entwicklung. Einige seiner engsten Freunde waren entsetzt über das, was sie hörten. Wie konnte Eminem nur glauben, es wäre unterhaltsam, über Dinge wie Vergewaltigung, Mord und sogar Pädophilie zu rappen? Doch wenn ihn irgendjemand fragte, was zum Teufel er da tat, antwortete er einfach: »Sieh mal, Mann, ich mache das jetzt seit zehn Jahren, und was hat es mir eingebracht? Ich serviere immer noch Pizzas. Diesen Shit mache ich für *mich.* Aber ich mache das nicht, um andere zu schockieren. Ich habe keine Ahnung, wie lange ich auf diesem Planeten sein werde, also kann ich aus der Zeit, die mir bleibt, genauso gut das Beste machen. Niemand hat das Recht, mir meine Art von Musik vorzuschreiben oder wie ich mich anziehen, mich benehmen oder reden soll. Wenn die Leute ihre Witze darüber reißen wollen, schön, scheiß drauf. Ich habe diesen ganzen Mist *erlebt,* kapiert? Und wenn du eine Eminem-Platte hörst, dann wirst du es wissen, sobald sie losgeht.«

Einer der ersten Songs, der viel darüber aussagt, wie Eminem zumute war, ist »If I Had«. Es ist eine lange Liste der Dinge, die er am meisten hasste, angefangen mit den DJs, die seine Platten nicht spielten, bis hin zu der Tatsache, so viele Jahre mit ein und demselben Mädchen geschlafen zu haben. Er beklagt sich darüber, inmitten von Drogensüchtigen zu leben, über seinen Job für 5,50 Dollar die Stunde und wie sehr er es »satt hat, weißer Dreck zu sein«. Es war einfach ein Ausdruck dessen, wie er sich fühlte, wie Abfall auf dem Schuttabladeplatz des Lebens. In dem Song träumt er davon, wie Millionen von Dollars alles verändern würden; aber damals ahnte er kaum, dass das Geld nur einen Haufen anderer Probleme mit sich bringen sollte. In »If I Had« erzählt er, wie »satt« er den ständigen Kampf hat. Es ist ein bewegendes Stück, unverkennbar von einem verzweifelten Mann geschrieben.

I'm tired of not having a phone
Tired of not driving a BM
Tired of not working at GM, tired of wanting to be him
Tired of not sleeping without Tylenol PM
Tired of not performing in a packed coliseum
Tired of not being on tour
Tired of fucking the same blonde whore after work

(Ich habe es satt, kein Telefon zu haben,
satt, keinen BM zu fahren,
satt, nicht bei GM zu arbeiten, satt, ein anderer sein zu wollen,
satt, nicht ohne Tylenol PM schlafen zu können,
satt, nicht in einem überfüllten Stadion aufzutreten,
satt, nicht auf Tour zu sein,

satt, nach Feierabend die gleiche blonde Hure zu
ficken.)

Eminems Vergangenheit enthielt einen reichen Fundus an Material für seine neue Stimme. Aus dieser Zeit stammt auch »Brain Damage«, die Abrechnung mit De Angelo Bailey. Ein anderes zentrales Thema, das ihn inspirierte, war sein Verhältnis zu Kim und ihrer gemeinsamen Tochter Hailie. Das Paar war mittlerweile verlobt, aber dieses Zeichen ihrer Verbundenheit schien wenig zu bedeuten. Sie zankten sich weiterhin wie Hund und Katz', und Kim war noch immer wütend darüber, dass Eminem beharrlich seinem Rap-Traum hinterherjagte.

Kim brachte nicht viel Verständnis für seinen erneuten Anlauf oder für diese Kunstfigur auf, die er Slim Shady nannte. Soweit es sie betraf, hatte Slim überhaupt keine Veränderungen in ihrem Leben bewirkt. Diese großartigen neuen Rap-Songs brachten nicht einen Dollar mehr in die Haushaltskasse. Tatsächlich waren sie genauso arm wie zuvor, wohnten immer noch in schäbigen Apartments, und Kim machte sich ständig Sorgen darüber, wovon sie die nächste Miete bezahlen sollten. Die Dinge standen so schlecht, dass Freunde Hailie aus Mitleid oft ein Paar neue Schuhe oder etwas zum Anziehen kauften. Es war ein demütigendes, erbärmliches Leben für Kim, und sie hasste es nicht weniger als Eminem.

Die Streitereien hielten an, und es verging kaum eine Woche, ohne dass es zu einem Eklat kam. Dann schrien und brüllten sie einander an und trennten sich. Meistens endete es damit, dass Eminem von Kim aus dem Wohnwagen oder dem Apartment geworfen wurde, je nachdem, wo sie gerade wohnten. Einmal kam er von der Arbeit im

Gilbert's Lodge nach Hause und fand seine wenigen Habseligkeiten auf dem schmalen Rasenstreifen vor seiner Wohnung. Wie immer half ihm sein Kumpel Proof mit einem Bett für die Nacht aus. Und wie immer erzählte ihm Eminem dann stundenlang, wie sehr er Kim hasste und dass ihre Beziehung zu Ende wäre.

»Das ist es, was ich an Em so liebe«, erinnert sich Proof. »Kim hatte all seine Sachen – was sich so ungefähr auf zwei Paar Hosen und Sportschuhe belief – auf den Rasen geworfen. Wir krochen bei meiner Großmutter unter, und Em sagte: ›Ich verlasse sie, ich gehe nicht mehr zu ihr zurück.‹ Am nächsten Tag war er wieder bei ihr. Die Liebe der beiden ist so echt, dass es geradezu lachhaft ist. Aber sie werden immer Konflikte haben.«

Um diese Zeit herum wurde das Verhältnis zwischen Kim und Eminem immer schlechter. Ihr letztes Zerwürfnis war ernster als alle anderen zuvor und nahm ein solches Ausmaß an, dass sie begannen, sich mit anderen Männern und Frauen zu verabreden. Schließlich drohte Kim, eine gerichtliche Verfügung zu erwirken, um Eminem zu verbieten, Hailie zu sehen. Es ist nicht klar, ob es an dem anderen Mann in ihrem Leben lag, aber Eminem schäumte vor Wut. Hailie gehörte zu den wenigen wirklich schönen und positiven Dingen in seinem von Verzweiflung geprägten Leben, und die Tatsache, dass sie als Druckmittel gegen ihn eingesetzt werden sollte, traf ihn mitten ins Herz.

Die bittere Fehde, die sich darauf ergab, inspirierte ihn zu einem seiner berüchtigtsten und erfolgreichsten Songs, »97' Bonnie and Clyde«, der zunächst noch »Just The Two Of Us« hieß. Der Titel änderte sich später, doch der Inhalt blieb der Gleiche.

Das Stück beschreibt auf eine beängstigende Weise die Ereignisse nach einem Mord, als Eminem – beziehungsweise Slim – mit Kims Leiche zu einem See fährt, um sie dort zu versenken. Hailie sitzt neben ihm im Wagen, und er versucht, ihr zu erklären, was mit ihrer Mutter passiert ist. Der Song, in dem der Erzähler aus dem Mord ein Spiel macht, um seine Tochter bei Laune zu halten, ist von einer nahezu psychotischen Coolness. Eminem malt sich ein Leben nur für ihn und Hailie aus, jetzt, nachdem Mom tot ist. Der Text ist auf merkwürdige Weise direkt und heiter:

Here, you wanna help dadda tie a rope around this rock?
Then we'll tie it to her footsie, then we'll roll her off the dock
Here we go, count of three. One Two Three, wee!
There goes mama, splashing in the water
No more fighting with dad, no more restraining order

(Willst du Dadda helfen, ein Seil um diesen Stein zu binden?
Dann werden wir es ihr um das Füßchen binden und sie vom Dock rollen.
Auf geht's, wir zählen bis drei. Eins, zwei, drei, hei!
Da versinkt Mama mit einem Platsch im Wasser.
Keinen Zank mehr mit Dad, keine Verbote mehr.)

In dem Text stellt sich Eminem vor, dass Hailie und er auf der Flucht aber frei sein werden – genau wie die berühmt-berüchtigten, legendären Bankräuber Bonnie und Clyde. Er deutet an, dass es einen anderen Mann in Kims Leben gibt und sie sogar ein Kind von ihm bekommen könnte. Die

Frage bleibt offen, ob es sich um eine Übertreibung um des Rap willen handelt, oder ob der Text auf der Realität beruht.

Wie vorherzusehen war, fanden Eminem und Kim wieder zusammen, einige Wochen, bevor er den Song im Studio aufnahm. Verständlicherweise verriet er ihr keine Details aus dem Text, und er unterließ es auch, ihr zu sagen, dass Hailie in dem Stück auftauchen sollte. Er erzählte seiner Verlobten, dass er mit ihrer Tochter eine Kleinigkeit in einem Imbiss essen wollte; in Wirklichkeit aber ging er mit ihr direkt ins Studio, wo er und die Produzenten Hailies Stimme aufnahmen.

»Als Kim herausfand, dass ich unsere Tochter benutzt hatte, um einen Song zu machen, in dem ich ihre Mutter umbringe, drehte sie völlig durch«, erzählt Eminem. »Wir waren gerade wieder seit einigen Wochen zusammen. Ich spielte ihr den Song vor, und sie verpisste sich.«

Ein derartiges Verhalten kann schwerlich als gute elterliche Fürsorge betrachtet werden. Auf die Frage, welche Wirkungen ein solcher Song auf Hailie haben könnte, wenn sie alt genug ist, um den Text zu verstehen, sagte Eminem: »Ich werde es ihr erklären. Ich werde ihr klar machen, dass Mommy und Daddy zu dieser Zeit zerstritten waren. Nichts davon war wortwörtlich gemeint, obwohl ich es damals verdammt gern getan hätte. Meine Gedanken sind so abgefuckt bösartig, wenn ich Shit schreibe. Wenn ich wütend auf mein Mädchen bin, setze ich mich hin und schreibe die frauenfeindlichsten kranken Reime der Welt. Es ist nicht das, was ich allgemein empfinde, sondern das, was ich genau in diesem Moment fühle. Es ist besser, so etwas auf einer Platte auszusprechen, als loszuziehen und es im wirklichen Leben zu tun. So bin ich nun mal. Wenn ich etwas denke, spreche ich es auch aus. Manchmal bereue ich es hinterher, manchmal nicht.«

Ironischerweise sollten ausgerechnet der Erfolg dieses Songs und die Aufmerksamkeit, die er erregte, dazu beitragen, Kim aus dem Teufelskreis der Armut zu ziehen, über die sie sich so lange beklagt hatte.

Eminem trat auch weiterhin das Jahr 1997 hindurch in der Underground-Szene Detroits auf. Die neuen Songs brachten ihm ein größeres Maß an Respekt in den Clubs ein, und er begann sogar, sich eine Anhängerschaft aufzubauen. Ein Sample-Tape wurde auf den verschiedenen Treffpunkten der Rap-Gemeinde verteilt, um die Veröffentlichung der »EP« vorzubereiten. Das half, die Platte ins Gespräch zu bringen, wenn auch nur auf lokaler Ebene. Noch immer hatte Eminem mit den rassistischen Vorurteilen gewisser Fraktionen und denselben alten, geringschätzigen Vergleichen mit Vanilla Ice zu kämpfen. Einige Puristen in der Underground-Szene schienen fest entschlossen zu sein, Eminem auflaufen zu lassen, ganz egal, wie beeindruckend und innovativ sein neues Material auch sein mochte. Doch er bekam auch ein wenig positives Feedback aus der schwarzen Gemeinde, und das Bisschen machte ihm Mut.

»Mit der Zeit begann ich, mir Respekt zu erarbeiten«, erzählt er. »Das Beste, was ich je von einem Motherfucker zu hören bekam, war in Detroit. Er sagte in etwa: ›Ich gebe keinen Fuck darauf, ob er grün oder orange ist, dieser Motherfucker ist einfach Dope!‹«

Was für ein Lob!

Endlich stand die »Slim Shady EP« kurz davor, veröffentlicht zu werden. Eminem gestattete sich mit dem Plattencover einen zusätzlichen Seitenhieb auf all die Kritiker, die ihn gedisst hatten: einem Foto seines Hinterns. Das Motiv schien passend zu sein, denn Slim hatte das Album inspiriert und auf der Toilette das Licht der Welt erblickt. Aber es war auch Eminems Art zu sagen: »Indem ihr diese EP kauft, küsst ihr mir den Arsch. Mit anderen Worten, ihr verneigt euch vor Eminem und zollt ihm Respekt, auch wenn ihr das eigentlich nicht wollt.«

Mehr als alles andere erwartete Eminem Respekt für seinen Rap, und er spürte tief in seinem Herzen, dass er ihn mit diesem Album erringen würde.

Zur Feier der Veröffentlichung der »Slim Shady EP« trat Eminem auf einer Premieren-Party im Viper Room in der Eastside von Detroit auf, einem Club, der mittlerweile geschlossen ist. Es wurde eine triumphale Nacht, eine, von der er seit Jahren geträumt hatte. Aber wie um zu beweisen, dass manche Dinge in seinem Leben noch immer bedauerlich vorhersagbar waren, wurde das Ereignis unmittelbar, bevor er die Bühne betrat, durch einen heftigen Streit mit Kim getrübt. Seine Musik und seine ganze Lebenseinstellung hatten sich gewaltig verändert, aber sein Verhältnis zu Kim war noch genauso verrückt wie bisher. Was auch immer passierte, einige Dinge in Eminems Leben würden sich nie ändern, und diese Beziehung gehörte dazu.

»The Slim Shady EP« wurde von Web Entertainment auf Vinyl und als CD herausgebracht und begann, sich in und um Detroit herum in bescheidenen Stückzahlen zu verkaufen. Sie wurde in den Clubs gespielt und von den Radiosendern gut aufgenommen. Auch in anderen Staaten breitete sich die Nachricht von diesem neuen heißen Jungen aus. Es war eine gewaltige Erleichterung für Eminem und ganz besonders für die Bass-Brüder. Ihr Glaube an

Eminem trug Früchte. Sie hätten sich keinen weiteren Flop wie »Infinite« leisten können, und so waren sie erfreut, erste Anzeichen eines Erfolgs zu sehen.

Durch dieses Album stieg das allgemeine Interesse an Eminem. Die unzähligen Rap-Websites griffen es auf und machten es allmählich auch außerhalb von Detroit bekannt. Eminem wurde auf die »Lyricist Lounge Tour« eingeladen, eine Tour etablierter und angesehener Rap-Künstler durch mehrere Staaten. Alles schien sich gut zu entwickeln.

Doch als die Wochen nach der Veröffentlichung verstrichen, zeichnete sich schnell ab, dass es Grenzen dessen gab, was Eminem und die Bass-Brüder erwarten durften. Eine kleine unabhängige Firma wie Web Entertainment konnte Eminem nicht landesweit lancieren. Ihr fehlte der finanzielle Rückhalt, um das Marketing zu betreiben, das nötig gewesen wäre, um einen Chart-Breaker aufzubauen. Allen war klar, dass Eminem die Unterstützung von einigen der größeren Tiere im Rap-Business brauchte, um aus seinem Talent Kapital zu schlagen. Und er brauchte sie schnell.

Kapitel 6

Auf Befehl von Dr. Dre

Einen größeren Platten-Deal zu landen, gehört zu den schwierigsten Dingen in der Welt des Rap. Eine ganze Reihe talentierter Künstler jagt dem gleichen Ziel hinterher, aber es können nur wenige das Rennen machen. Der Markt wird von tingelnden Freizeitinterpreten überschwemmt, die über winzige, unabhängige Label Unmengen an Material auf den Markt werfen. Die größeren Label werden mit Demobändern regelrecht zugeschüttet, die entweder direkt von den Künstlern oder über Umwege von den Talentscouts eingeschickt werden, die den Markt in der Hoffnung durchforsten, den nächsten großen Fisch an Land zu ziehen.

Die Bass-Brüder und Eminem wussten, dass sie mit der »Slim Shady EP« ein Bündel guter und innovativer Stücke besaßen, aber keins der großen Label reagierte auf ihre Bemühungen. Es schien, als würde die CD zusammen mit anderen ihrer Art auf den unbeachteten Stapeln in den Studios Staub fangen. Eminem war schon einmal an diesem Punkt gewesen, und die bedrohliche Stille, die dem so viel versprechenden Anfang folgte, gefiel ihm ganz und gar nicht. Er hatte kein Geld und keinen Job. Alles, was er nach all den Jahren als Rapper vorweisen konnte, war eine CD, die außerhalb von Detroit kaum jemand hörte.

Eminem hatte schon zu lange sein Herzblut gegeben, ohne den erträumten großen Durchbruch geschafft zu haben, und jetzt sah es so aus, als wäre er am Ende seiner Möglichkeiten angelangt. Die »Slim Shady EP« war ein beeindruckendes Dokument seines Talents, aber selbst das schien ihn nirgendwo hinzuführen. Die Resonanz war nicht groß genug gewesen und zu spät gekommen. Vielleicht war es sein Schicksal, nur ein lokal erfolgreicher Hip-Hopper zu bleiben. Die Bass-Brüder und alle anderen bei Web Entertainment hatten ihr Bestes gegeben, aber möglicherweise hatte Kim von Anfang an Recht gehabt. Im Geist hörte Eminem wieder ihre defätistische Aussage: »Hallo! Du lebst in einer Phantasiewelt. Solche Dinge passieren Leuten wie uns nicht.« Vielleicht war er wirklich »weißer Müll aus dem Wohnwagenpark«, der sich mit dem ihm zugewiesenen Platz auf dem Schuttabladeplatz des Lebens abfinden sollte.

Aber Eminem war zu weit gegangen, um jetzt aufzugeben, und das galt für alle, die ihn auf seinem Weg unterstützt hatten. Als sie über seine Zukunftsaussichten diskutierten, wurden sich Eminem, sein Manager Bunyan und die Bass-Brüder schnell einig, dass sie einen letzten Versuch unternehmen und alles auf eine Karte setzen mussten. Sollte auch das scheitern, würde ihnen schließlich nichts anderes übrig bleiben als aufzugeben.

Dieser letzte Versuch, das Glück doch noch zu wenden, waren die »Annual Rap Olympics« in Los Angeles, ein renommierter Wettbewerb, bei dem die besten Rap-Künstler in verschiedenen Disziplinen gegeneinander antreten, darunter Freestyle und die Präsentation eigener Stücke. In diesem Jahr bestand der bescheidene erste Preis aus einer Rolex und fünfhundert Dollar in bar; aber das war sekundär gegenüber dem Prestige, das ein Sieg mit sich brachte. Der Gewinn der Rap Olympics kann den Weg zu weitaus größerem Reichtum eröffnen, da der Titel dem Sieger Zugang zu den großen Schallplattenverlagen verschafft. Leute in Schlüsselpositionen der Branche verfolgen den Ausgang des Wettbewerbs, und die Veranstaltung schien maßgeschneidert für Eminem, um sein Talent einem größeren Publikum zu demonstrieren. Er hatte so lange versucht, aus dem Rap-Ghetto in Detroit auszubrechen, dass das Motto jetzt für ihn nur noch lauten konnte: Los Angeles oder Untergang.

Die Reise wurde geplant, und Eminem probte seinen Auftritt, während Bunyan sich um Termine mit den Verantwortlichen verschiedener in Los Angeles ansässiger Plattenfirmen bemühte. Selbst wenn Eminem nicht gewinnen sollte, wollten sie so lange in L.A. bleiben, wie sie es sich leisten konnten, und versuchen, einen Plattenvertrag abzuschließen. Scheiterten sie, würden sie nach Hause fahren, sobald ihnen das Geld ausging. Es hieß alles oder nichts.

»Wir waren wild entschlossen, einen letzten Anlauf zu unternehmen, unser letztes Pulver zu verschießen«, erinnert sich Eminem. »Ich sagte: ›Wenn das nicht funktioniert, bin ich fertig.‹«

Am Abend vor der Abreise kehrte er in das heruntergekommene Apartment zurück, in dem er zur Zeit wohnte. Wieder einmal hatte er sich vorübergehend von Kim getrennt und lebte allein in dem Rattenloch, das er sein Zuhause nannte. Er fand es mit Brettern vernagelt vor, und an der Tür klebte eine gerichtliche Räumungsverfügung. Wie sich später herausstellte, war der Mann, dem er die Miete zahlte, nicht berechtigt, die Wohnung zu vermieten.

Da er zu dieser späten Stunde nirgendwo anders hingehen konnte, brach Eminem ein und schlich sich in das Apartment. Es war dunkel, kalt und unheimlich. Strom und Wasser waren abgestellt worden. Ihm schien, als hätte sich das Schicksal für alle Zeit gegen ihn verschworen – aber wie lange noch würde er eine derart jämmerliche Existenz ertragen können? Sein Leben musste ganz einfach mehr wert sein. So rollte er sich in der Dunkelheit zusammen und träumte von dem, was ihn in Los Angeles erwartete.

Auf den Rap Olympics trat Eminem gegen einige der besten Rapper Amerikas an, was es nicht einfach machte, den Titel zu gewinnen. Er hätte das Preisgeld zweifellos gut gebrauchen können, und die Uhr würde ein hübsches Andenken abgeben; aber wenn er das nicht schaffte, war er fest entschlossen, zumindest einen bleibenden Eindruck zu hinterlassen. Wenn dies seine letzte Chance sein sollte, dann würde er absolut alles geben, was in ihm steckte. Er rappte jetzt schon seit mehr als zehn Jahren und hatte damit fast die Hälfte seines Lebens dem Traum gewidmet, ein Star zu werden. Sollte das nicht möglich sein und dieser Wettbewerb das Ende seiner Träume bedeuten, dann wollte er wenigstens mit einem Paukenschlag abtreten.

Eminem gab alles, und er war brillant. Er rappte einige der besten Stücke von der »EP« und ließ Slim Shady seine böse Magie entfalten. Das Publikum und die Preisrichter waren begeistert. Sie liebten seinen respektlosen Stil und seine lasterhaften Reime. Alle jubelten ihm zu. Bunyan, der im Publikum saß, verfolgte Eminems Auftritt voller Stolz. Er hatte miterlebt, was der Junge während der letzten Jahre durchgemacht hatte, und lächelte breit, als ein

Schwarzer neben ihm nach der ersten Runde rief: »Gebt den Preis dem weißen Jungen! Es ist vorbei! Der weiße Junge hat gewonnen!«

Es schien, als hätte Eminem den Titel bereits in der Tasche, doch es sollte nicht sein. Die Jury vergab ihn an einen anderen Rapper, und Eminem musste sich mit dem zweiten Preis begnügen. Es war ein Desaster für ihn, und er war vor Enttäuschung den Tränen nahe. Der zweite Platz reichte ihm nicht. Er wollte der Beste sein und als Sieger anerkannt werden, aber was hätte er mehr tun können? Er hatte sein Möglichstes getan, aber es war nicht genug gewesen. Es schien das Ende zu sein. Kim hatte die ganze Zeit über Recht gehabt: Er hatte tatsächlich in einer Phantasiewelt gelebt.

Trotz der Niederlage nahm Eminem an der im Anschluss an den Wettbewerb stattfindenden Party teil. Von allen Seiten wurde ihm einhellig versichert, dass er hätte gewinnen müssen, aber das zählte für ihn wenig. Bunyan und die Bass-Brüder knüpften weiter Kontakte und setzten sich für Eminem ein, indem sie mit verschiedenen Leuten auf der Party sprachen. Sie verteilten Tapes der »Slim Shady EP« und erzählten jedem, der ihnen zuhörte, dass dieser Junge Dope war und ein Star werden würde. Sie warfen noch immer Haken mit kleinen Ködern in einem großen Meer aus, aber – wer weiß? – vielleicht würde ja irgendjemand anbeißen, bevor sie alle nach Detroit zurückkehren mussten.

Einer der Männer, die ein Tape erhalten hatten, war Jimmy Iovine, damals wie heute stellvertretender Vorsitzender von Interscope Records. Iovine hatte geholfen, die Karriere mehrerer Rap-Topstars zu gestalten. Nachdem er in sein Büro zurückgekehrt war, legte er das Tape zur

Seite, ohne sich weiter damit zu beschäftigen. Dort hätte es für alle Zeiten liegen bleiben können, und Eminem wäre wieder im Müll Detroits untergetaucht; aber ein Instinkt aus dem Bauch heraus veranlasste Iovine, einem Kollegen von dem coolen weißen Rapper zu erzählen, den er auf den Rap Olympics gehört hatte. Dieser Mann war niemand anderer als Dr. Dre, der Godfather des Gangsta-Rap, Eminems Idol und der Mann, der zehn Jahre zuvor mit seiner Gruppe N.W.A. den Weg für die Rap-Musik geebnet hatte. Dre war während all der Jahre nicht nur ein erstklassiger Rapper geblieben, er war darüber hinaus auch einer der einflussreichsten Produzenten in der Branche.

Iovine fischte Eminems Tape aus dem Stapel heraus und spielte es Dre vor. Nachdem Dre die ersten Rhymes gehört hatte, war er sofort begeistert:

»In meiner gesamten Karriere im Musikgeschäft habe ich nie etwas Verwertbares in einem Demo-Tape gefunden«, erzählt er, »aber als Jimmy mir dieses Tape vorspielte, sagte ich: ›Bring ihn her – SOFORT!‹«

Eminem und sein Team hielten sich noch immer in L.A. auf, als der magische Anruf kam. Von diesem Moment an veränderte sich sein Leben grundlegend. Kurz darauf fand ein Treffen mit Eminem und seinen Freunden und Dr. Dre und dessen Geschäftsführern statt. Es war das größte Glück, das Eminem in seinem Leben widerfuhr, und er konnte immer noch nicht richtig glauben, wie ihm geschah. Träumte er oder passierte das alles wirklich? Wurde er tatsächlich von Dr. Dre umworben?

Es war kein Traum, und die Dinge nahmen in Windeseile Gestalt an. Der Funke zwischen ihm und Dre sprang sofort über. Sie mochten sich auf Anhieb, und allen Anwesenden war klar, dass die kreative Chemie zwischen beiden stimmte und nur darauf wartete, in einer großen Explosion miteinander zu reagieren. Dr. Dre und Eminem entdeckten ihre Seelenverwandtschaft. Eminem verspürte eine große Ehrfurcht vor Dre, der berühmte Rapper wiederum war wie elektrisiert von Eminems seltenem Talent. Dre war schon seit Jahren im Geschäft und tief beeindruckt von Eminems innovativer und fast hungriger Herangehensweise. Er erkannte, dass der Junge fest entschlossen war, Erfolg zu haben, und er hatte vor, sich diesen eisernen Willen zunutze zu machen.

Dr. Dre wollte auf der Stelle einen Vertrag mit Eminem unterzeichnen, aber sogar dieser bedeutende Mann sah sich Widerständen innerhalb seiner Firma konfrontiert. Einigen Entscheidungsträgern behagte die Vorstellung nicht, einen weißen Jungen unter Vertrag zu nehmen. Eminem haftete das Etikett Vanilla Ice an, und das war in der Hip-Hop-Gemeinde immer noch ein Negativ-Image. Außerdem fanden es Dres Kollegen nicht cool oder den richtigen gesellschaftspolitischen Schachzug, einen Weißen in ihr Label aufzunehmen. Sie fürchteten, es könnte die Glaubwürdigkeit beschädigen, derer sie sich rühmten, aber Dre wollte nichts davon hören.

»Es gab da 'ne Menge Scheiß zu hören«, sagt er. »Es ist, als würde ein Schwarzer Country & Western machen. Ich bekam einige Fragen und Sprüche von meinen Leuten zu hören, wie: ›Siehst du nicht, dass er blaue Augen hat? Er ist ein weißes Kid.‹ Aber ich scheiß darauf, ob du purpur bist – wenn du es bringst, arbeite ich mit dir. Diese ganzen Rassengeschichten sind mir völlig egal. Mich interessiert nur, ob jemand Talent hat.«

Was auch immer Dre wollte, er bekam es, und so einigte man sich mit Eminem, ihn auf dem Aftermath Entertainment Label herauszubringen, einer Tochter von Interscope. Die Rechtsanwälte machten sich daran, die weiteren Details auszuarbeiten, während Eminem, die Bass-Brüder und ihr neuer Guru das Studio aufsuchten. Als die Würfel in L.A. gefallen waren, hatten sie schließlich magische Zahlen hervorgebracht.

»Es war eine Ehre für mich, aus Dres Mund zu hören, dass er meinen Shit mochte«, sagt Eminem. »Ich bin als einer der größten Fans von N.W.A. aufgewachsen, hatte mir sogar eine Sonnenbrille aufgesetzt und vor dem Spiegel Songs mitgesungen. Dre ist der beste Hip-Hop-Produzent aller Zeiten.«

Noch ein paar Wochen zuvor hatte Eminem im Dreck geschlafen und war ein Niemand gewesen. Jetzt hatte ihn einer der coolsten Typen des Hip-Hop bei einer großen Plattenfirma unter Vertrag genommen.

Bizarre, ebenfalls ein Rapper und ein enger Freund von Eminem, war damals in Detroit. Er erinnert sich: »Eminem war seit drei Wochen verschwunden und nirgendwo zu finden. Plötzlich rief er völlig überraschend an: ›Yo, Mann, ich habe gerade bei *Doc-tor Dre* unterschrieben!‹«

Die unglaublichen Nachrichten verbreiteten sich in der Rap-Szene von Detroit schneller als die giftigen Texte eines Battle MCs. Sie wurden mit Skepsis und einem gewissen Maß an Neid aufgenommen. Einige Fraktionen der schwarzen Gemeinde belächelten sie als Falschmeldung. Die Leute, die Eminem so lange verabscheut hatten, fragten sich jetzt, was, um alles in der Welt, Dre sich dabei dachte, einen weißen Jungen unter Vertrag zu nehmen. Doch für Eminem war es der süßeste Sieg, den man sich vorstellen kann. Er hatte sich von diesen Leuten lange genug jede Menge Scheiße anhören müssen. Jetzt konnte er ein Gütesiegel von Dr. Dre vorzeigen, und soweit es ihn betraf, durften ihn all diejenigen, die ihn so lange gedisst hatten, am Arsch lecken!

Gleich nachdem sie die Arbeit im Studio aufgenommen hatten, merkte Dr. Dre, dass sein instinktiver Eindruck richtig gewesen war. Eminem quoll geradezu über vor Talent und Potential. Als er vor dem Mischpult saß und Eminem in der Aufnahmekabine beobachtete, konnte sich Dre von dem sprachlichen Talent des Jungen überzeugen, der das Zeug hatte, es mit der ersten Rappergarde aufzunehmen. Er hatte einen unverbrauchten Stil und die Leidenschaft, das Beste aus sich herauszuholen. In stundenlanger Arbeit im Studio feilte er so lange an einem einzigen Reim, bis er exakt so war, wie er sein sollte.

Schon während der ersten Stunden schrieben sie gemeinsam »My Name Is«, ein kraftvoller Beweis für die Qualität der Arbeit, die diese beiden Männer zusammen leisten konnten. Es war ein geistreiches sprachliches Meisterstück, das Slim Shady der Welt vorstellte und zur Hymne des Albums wurde.

In diesem Text greift Eminem – oder Slim – etliche Leute sehr hart an. Er bezichtigt seine Mutter, Drogen zu nehmen, träumt davon, seinem Vater die Kehle durchzuschneiden, und bedient sich dabei einer deftigen Ausdrucksweise, gepaart mit grotesken sexuellen Phantasien, angefangen mit der Frage, welches Spice Girl er schwängern soll, bis hin zu der Vorstellung, die Hoden seines Lehrers mit Heftklammern auf einem Papierstapel festzutackern.

Eine der vielen bemerkenswerten Zeilen dieses Songs lautet: »I don't give a fuck, God sent me to piss the world off.« (Es ist mir scheißegal, Gott hat mich geschickt, um die

Welt zu vergrätzen.) Es war eine unheimlich genaue Prophezeiung dessen, was demnächst kommen sollte. Noch lag dieses Ereignis in der Zukunft, aber nachdem die Produzenten bereit waren, Eminem der Öffentlichkeit zu präsentieren, trug die Single »My Name Is« dazu bei, ihn in die Stratosphäre des Rap-Himmels zu katapultieren. Laut Eminem war seine Kooperation mit Dre wie eine »Bluthochzeit«. Sie inspirierten sich gegenseitig mit ihren Ideen.

Zu ihren anderen frühen Songs gehört »Guilty Conscience«, im Video zu diesem Duett tritt Dre an der Seite seines Protegés auf. Der Text beschreibt einen imaginären Kampf, den Eminem mit verschiedenen Persönlichkeiten in ihm, verkörpert durch Dr. Dre, und ihren Gewissen ausficht. Jede dieser Persönlichkeiten steckt in dem Dilemma, in einer bestimmten Situation richtig oder falsch zu handeln. Das Stück demonstriert, wie geschickt Eminem und Dre es verstehen, einen Rap dramatisch umzusetzen. »Role Model« war die dritte Zusammenarbeit der beiden, die kurz darauf folgte und ebenfalls auf dem ersten Album erschien.

Eminem gab später zu, eine Menge Ecstasy-Pillen eingeworfen und zahllose Joints während der Arbeit mit Dre geraucht zu haben. Beide lieben es, wild zu feiern, und sie konsumieren auf der Suche nach Inspiration reichlich Alkohol und Drogen. Dre beschreibt es folgendermaßen: »Wir gehen da rein, knallen uns zu und verbringen zwei abgefuckte Tage im Studio. Danach ist man für drei Tage tot. Wenn man dann wieder zu sich kommt, schiebt man das Tape rein und ist gespannt darauf, was man wohl fabriziert hat.«

Neben den neuen Stücken, die sie gemeinsam schrieben, arbeiteten Eminem und Dre mit den Bass-Brüdern an dem

Material von der »Slim Shady EP«. Nachdem ihnen nun die technischen Möglichkeiten und die Fachkompetenz eines großen Schallplatten-Labels zur Verfügung standen, wurden einige Tracks weiterentwickelt und mit der neusten Aufnahmetechnik besser abgemischt. Schon bald zeichnete sich ab, dass das alte Material zusammen mit den neuen Eminem/Dre-Songs ein rundes und kraftvolles Paket abgab. Alle waren überzeugt davon, ein Hitalbum in den Händen zu halten, das nur noch darauf wartete, durchstarten zu können. Aber bevor sie den Termin der Veröffentlichung festsetzten, mussten noch einige andere Dinge erledigt werden.

In einem so großen Land wie Amerika benötigt man eine sorgfältige Planung und einen gewaltigen Aufwand, um einer Gruppe oder einem Solointerpreten zum Durchbruch zu verhelfen. Es war schön und gut, ein paar Hit-Singles im Kasten zu haben. Darüber hinaus erfordert es aber beträchtliche finanzielle Reserven, um ein Projekt für den Fall, dass in den ersten Monaten nicht alles nach Plan verläuft, weiter voranzutreiben. Viele talentierte Künstler bleiben nur deshalb auf der Strecke, weil die Marketingstrategie von Anfang an fehlerhaft ist. Außerdem waren alle bei Aftermath Entertainment entschlossen zu verhindern, dass Eminem ein peinliches *one hit wonder* wie Vanilla Ice werden würde. Sie riskierten ihren guten Ruf für diesen neuen Burschen und waren nicht bereit, ihn dem Hohn und Spott als Klon von Vanilla Ice preiszugeben. Ihrer Ansicht nach war Eminem ein äußerst talentierter Rap-Künstler mit großem Potential, das über seine ersten Singles hinaus noch mehr versprach. Er hatte das Zeug, zu einem echten Phänomen mit einer langen Karriere zu werden, und so konzentrierten sich alle auf die lange Strecke.

Damit diese hohen Erwartungen auch erfüllt werden konnten, musste zuerst ein solides Fundament gelegt werden, bevor die ersten Platten in den Handel gehen durften. Dazu gehörte, Eminem ein Profil zu verpassen, das in ganz Amerika bekannt wurde. In Detroit hatte er sich bereits einen Ruf erarbeitet, aber jetzt musste das Gleiche landesweit in Angriff genommen werden, und das war keine leichte Aufgabe. Jetzt, da die Musik fertig war, stand die wirklich harte Arbeit bevor, und das hieß, sich auf Reisen zu begeben.

Eminem war bereit, sich die Seele aus dem Leib zu schuften, denn er wusste, welche Hoffnungen bestimmte Leute, nicht zuletzt Dr. Dre, auf ihn gesetzt hatten. In seinen eigenen Worten: »Dre hatte mir das Leben gerettet, und ich wollte mich für diesen Gefallen bedanken.« Und so machte er sich an die Arbeit.

Kapitel 7

Der lange Weg nach oben

Während Eminem im Sommer 1998 auf Tour ging, begann überall in Amerika die Gerüchteküche zu brodeln. Die Hip-Hop-Puristen wurden neugierig, was von der letzten heißen Nummer, die Dre unter Vertrag genommen hatte, zu erwarten war. Durch den Einfluss von Aftermath erhielt Eminem Jobs in den besten Clubs des Landes. Am Rande seiner Gigs wurden Demokassetten der späteren »Slim Shady LP« verteilt, um seinen Bekanntheitsgrad zu erhöhen. Es war die gleiche Prozedur, die jeder Künstler über sich ergehen lassen muss, der versucht, den Durchbruch zu schaffen. Dazu muss man sich eine Grundbasis direkt in der Szene aufbauen und seinen zukünftigen Fans die Gelegenheit geben, ihr Idol live zu sehen und zu hören.

Natürlich war Eminem schon einmal an diesem Punkt gewesen, als er für »Infinite« und später für die »Slim Shady EP« auf Promotion-Tour gewesen war – aber etwas hatte sich verändert. Diese Tour schien zielstrebiger zu verlaufen. In welchen Staat er auch kam, die Leute nahmen wirklich Notiz von ihm, allein deshalb, weil er Dres Junge war. Eminem spürte einen gewissen Schwung, der ihn vorantrieb, nachdem er bei Aftermath unterschrieben hatte, und es war ein gutes Gefühl, echten Rückhalt zu haben. Jetzt kam er sich nicht mehr so einsam vor, wenn er mit dem Mikro auf der Bühne stand.

Trotz der Rückendeckung durch Dr. Dre und einer eigenen Crew, die ihn begleitete, konnte nichts Eminem vor den Vorurteilen der Rap-Szene abschirmen, die seiner Hautfarbe entgegenschlugen. Was auch immer er unternahm, die Tatsache, dass er ein Weißer war, schien etwas zu sein, dem er nie entgehen können würde. Für einige Leute war und blieb er ein »Wigga«. Ihm wurden die üblichen auf Vanilla Ice zielenden Beleidigungen entgegengeschleudert, und wenn Mitarbeiter seiner Crew an die vor einem Gig in der Schlange wartenden Leuten Sampler der »Slim Shady LP« verteilten, bekamen sie Dinge zu hören wie: »Oh, großartig, ein abgefuckter Eminem-Sampler – die gefickten Ein-Mann-Beastie-Boys ...«

Oder: »Yeah, der kleine Bruder des verfickten Vanilla Ice ...«

Oder: »Das ist nur ein Aufguss von Vanilla Ice! Vanilla Wigga! Warum hat Dre nur einen weißen Jungen unter Vertrag genommen? Der Motherfucker sollte lieber Pizzas ausliefern ...«

All diesen Angriffen lag eine echte Verbitterung zu Grunde, als hätte Eminem irgendjemandem eine große Chance gestohlen, die von Rechts wegen nur einem schwarzen Rapper zustand. Auch schien Dre als eine Art Verräter betrachtet zu werden, weil er es gewagt hatte, seine Talente mit einem weißen Jungen zu teilen. Die Rassenproblematik, die Eminem gegen seinen Willen ein ganzes Leben lang begleitet hatte, verfolgte ihn weiter. Als er begann, seine ersten Interviews in der Rap-Presse zu geben, wurde sie offensichtlicher als je zuvor. Die unübersehbare Diskrepanz zwischen seiner Hautfarbe und seinem Stil lieferte jede Menge Stoff für Debatten, und er wurde immer wieder zum Verhältnis von Weiß und Schwarz befragt. Das war etwas, das ihm echt auf die Nerven ging, und während eines Interviews in dieser Zeit sagte er: »Ich denke wirklich nicht über Hautfarben nach. Also, stellt mir eine andere Frage. Wisst ihr, ich beschäftige mich nicht mit diesem Bullshit. Die Leute sagen über mich, was sie sagen wollen, und sie suchen nach Entschuldigungen, um mich zu dissen. Diese ganze Farbensache ist nebensächlich für mich. Sie bedeutet mir gar nichts. In jedem Interview, das ich gebe, heißt es: ›Deine Texte sind tödlich, Mann, sie sind gewalttätig und frauenfeindlich.‹ Oder das ist schwarz, und das ist weiß. Aber gefällt euch meine Musik? Ist die Musik gut? Niemand spricht über die Musik. Ich möchte respektiert werden. Ich möchte über meine Hautfarbe hinaus wahrgenommen werden, über all die abgefuckten Dinge hinaus, die die Leute im Kopf haben. Ich möchte, dass diese Scheiße ignoriert wird und ich einfach nur respektiert werde.«

Wie sehr Eminem auch darauf hoffte, die Problematik unterschiedlicher Hautfarben sollte nie völlig verstummen. Soweit es einige Schwarze betrifft, wird er immer auf die weiße Seite der 8 Mile gehören, wie talentiert er auch sein mag. Doch während eine bigotte Minderheit ihn auspfiff, beeindruckte Eminem die Mehrheit weiter mit seiner Musik. Er nahm erneut an der »Lyricist Lounge Tour« teil und bestritt einen Teil seiner Auftritte wie stets mit seinem Partner Royce.

Allmählich entwickelte er sich im Verlauf der Tour zur Hauptattraktion. Er war jetzt vielseitiger und reifer in seinen Darbietungen als noch ein Jahr zuvor. Die Zusammenarbeit mit Dre hatte seine Kreativität beflügelt, ihm mehr Selbstvertrauen gegeben und ihm eine größere Überzeugungskraft auf der Bühne verliehen. Sein ganzes Auftreten war sicherer geworden und erregte die Aufmerksamkeit der Massen. Weitere Sampler wurden verteilt, und obwohl sein Album noch nicht offiziell erschienen war, wurden viele der Songs einem breiteren Publikum bekannt. Die Promotion-Tour ging weiter, und man konnte immer mehr Zuschauer beobachten, die ihre Lippen zu seinen Texten bewegten, während er rappte. Seine Fan-Gemeinde wuchs, genau wie es Dre geplant hatte. »My Name Is«, »Brain Damage« und »Rock Bottom« erzielten viel Resonanz. Und wenn er auf diesen Gigs »Just Don't Give A Fuck« sang, waren die Leute begeistert und antworteten auf den Refrain, in dem sie ihm den ausgestreckten Mittelfinger hin hielten.

Der ausgestreckte Mittelfinger wurde schon bald zu einem von Eminems Markenzeichen, und der Song, wie auch die anderen, beinhalteten die Essenz dieses aufsteigenden Rap-Stars. Er liebte, was er tat, und soweit es ihn betraf, gab es für alle, denen es nicht gefiel, eben nur diese eine Antwort: *Fuck off* – verpisst euch!

Es gab auch einige komische Momente auf dieser Tour. Obwohl sein Ruf wuchs, war er für die meisten Leute außerhalb der Hip-Hop-Szene nach wie vor ein Niemand. Mehrfach musste er sogar darum kämpfen, in die Clubs eingelassen zu werden, in denen er auftrat, denn die Türsteher weigerten sich zu glauben, dass dieser schmächtige weiße Junge ein berühmter Rap-Star war. Bei einer Gelegenheit war Bunyan gezwungen, draußen vor dem House of Blues Club am Sunset Boulevard in L.A. den Veranstalter mit dem

Handy anzurufen, um Eminem hineinzubringen. Ein anderes Mal verweigerte man ihm den Eintritt in die VIP-Bar, wo die Party nach der Show stattfand – obwohl er unmittelbar zuvor einen brillanten Auftritt in dem Laden absolviert hatte. »Ich habe gerade die Hauptnummer der gefickten Show gebracht!«, brüllte er das Sicherheitspersonal fassungslos an. Als er dann schließlich doch noch eingelassen wurde, sagte er lachend zu Bunyan: »Fuck, ich bin doch nicht so berühmt, kein verdammter Arsch weiß, wer ich bin!« Dann begann er, darüber zu phantasieren, wie sich sein Leben verändern würde, sobald er berühmt war, und dass er einen ganzen Haufen an Forderungen stellen würde. Er witzelte darüber, sein eigenes Sicherheitspersonal zu haben, Limousinen und schöne Frauen an jedem Finger – und überall uneingeschränkten Zugang, weil jeder ihn kennen würde.

Damals waren das alles noch verrückte Träume, und er lachte mit Royce über das, was die Zukunft für ihn bereit hielt. Am selben Abend sah die Realität für ihn so aus, dass er den Club unbemerkt verließ, ohne von einem einzigen Fan belästigt zu werden. Es erwarteten ihn keine Limousinen, keine Groupies, die ihm die Zeit bis zum Morgen vertrieben. Stattdessen überquerte er allein die Straße, um in einem billigen Motel abzusteigen. So viel dazu, was es hieß, ein Star zu sein, der bei Dre unter Vertrag stand.

Um diese Zeit herum ließ sich Eminem das Haar kurz scheren und bleichen. Warum er dieses Aussehen wählte, ist nicht bekannt. Vielleicht hatten hinter den Kulissen Diskussionen darüber stattgefunden, dass es ratsam wäre, ihm im Vorfeld der großen Veröffentlichung des Albums markantere Konturen zu verleihen. Vielleicht aber, wie einige notorische Disser behaupteten, hatte er bisher zu sehr wie ein normales Kid ausgesehen, eher wie der Junge vom Pizza-Bringdienst anstatt wie der psychotische Slim Shady. Was auch immer der Grund gewesen sein mag – sein neuer Stil war schlicht aber unverwechselbar, und er half, seine bleiche Erscheinung und den durchdringenden Blick seiner Augen zu betonen.

Obwohl der endgültige Durchbruch zu Ruhm und Reichtum noch nicht ganz geschafft war, hatte sich Eminems Lebensqualität erheblich verbessert. Er erhielt einen großzügigen Vorschuss von der Plattenfirma, so dass er zum ersten Mal in seinem Leben einen nennenswerten Geldbetrag auf dem Konto hatte. Die Plackerei für 5,50 Dollar in der Stunde im Gilbert's Lodge schien bereits einer fernen Vergangenheit anzugehören. Er musste sich nicht länger den Kopf darüber zerbrechen, wie er all die Rechnungen bezahlen sollte, und er sorgte dafür, dass Kim und Hailie genug Geld zur Verfügung hatten, solange er auf Tour war. Auf jeden Fall stellte sich nicht mehr die Frage, woher Hailies neue Schuhe kommen sollten.

Kim und er lebten jetzt in einem Wohnwagenpark in Casco. Debbie war nach Missouri zurückgekehrt, und das Paar hatte ihren Wohnwagen übernommen – ein deutlicher Beweis, dass sich ihre Lebensumstände nicht dramatisch verändert hatten, seit Eminem bei Aftermath unter Vertrag stand. Aber sie planten, sich nach etwas Besserem umzusehen, sofern sich die Dinge so entwickelten, wie alle erwarteten.

Allerdings konnte sich Eminem jetzt ein gewisses Maß an Luxus leisten und ein weißes Mustang-Kabrio fahren. Es wirkte etwas protzig und rief kritische Kommentare in einem Rap-Magazin hervor, als Eminem darauf bestand, ein vereinbartes Interview zu geben, während er im Mustang herumfuhr. Der Reporter, der das Interview führte, fand, dass Eminem es verdiente, in dieselbe Schublade wie Vanilla Ice gesteckt zu werden, wenn er zu einem so frühen Zeitpunkt seiner Karriere dem gleichen materiellen Prunk frönte.

In diesem Stadium war Eminem von seinem Leben wie berauscht. Alles, wovon er geträumt hatte, bewahrheitete sich. Er sprühte nur so über vor Energie, und wenn er nicht auf der Bühne stand, schrieb er besessen an neuen Songtexten. Selbst wenn er versuchte, sich zu entspannen, jagten sich seine Gedanken, und allein sich in seiner Nähe aufzuhalten, konnte extrem anstrengend sein. Eminem ist ein brillanter Darsteller, der ständig in verschiedene Rollen schlüpft, wenn er unter Menschen ist. Einen Moment lang spricht er im schleppenden Tonfall eines Rednecks aus den Südstaaten, im nächsten ist er ein überkandidelter Schwuler, dann ein Mexikaner, danach ein Engländer, schließlich verwandelt er sich mühelos in Cartman aus der Zeichentrickserie »South Park«.

Eminem ist ein solches Sprachgenie, dass er seine Stimme und seinen Tonfall verändern kann, ohne dazwischen auch nur Luft zu holen. Kein Thema vermag sein Interesse länger als ein paar Minuten zu fesseln, und oft vollführt er abrupte Gedankensprünge, die sein Umfeld verwirren. Aber diese überschäumende Energie hat auch ihre Kehrseite – Eminems Stimmungslage kann sich genauso schnell verändern wie die Charaktere, die er verkörpert. Die unbedeutendste Kleinigkeit reicht aus, um ihn in Rage zu bringen und von einem Witzbold in ein mürrisches und aggressives Scheusal zu verwandeln, das jeden anfaucht, der sich zufällig in seiner Nähe aufhält. In einem Atemzug ist er der netteste Mensch, im nächsten ein bösartiges Ekel. Sein jahrelanger Drogenkonsum hat bestimmt nicht dazu beigetragen, sein hitziges Temperament zu besänftigen.

Drogen sind im Rap allgegenwärtig, so wie auch im Umfeld einer Rock 'n' Roll-Band, und es dauerte nicht lange, bis Gerüchte die Runde machten, dass Eminem ein Drogenproblem hätte. Das lag hauptsächlich daran, dass er während dieser frühen Tour ein paar Gigs verpasste und bei anderen so spät erschien, dass er es mit einem feindseligen Publikum aufnehmen musste. Er vermittelte den Eindruck, sich in eine Primadonna zu verwandeln, noch bevor er den Durchbruch bis ganz an die Spitze geschafft hatte.

Vielleicht hatte er verstärkt zu Drogen gegriffen, weil er unter dem permanenten Druck stand, Leistung zu erbringen. Er beschäftigte sich ständig mit der Vorstellung, ein Superstar zu werden. Jeder erwartete von ihm, Erfolg zu haben, und vielleicht brauchte er die Fluchtmöglichkeit, die ihm die Drogen boten.

Die simplere Erklärung lautet, dass er einfach nur wild feierte, weil er sich großartig fühlte. Er hatte jahrelang in Detroit festgesteckt und kaum genug Geld zum Überleben gehabt, geschweige denn, um sich zu amüsieren. Jetzt befand er sich in der illustren Gesellschaft von Prominenten wie Dr. Dre, Ice Cube und anderen wohlhabenden Rappern, die wussten, wie man feierte, und vielleicht ließ er sich einfach davon mitreißen. Auf jeden Fall aber schien er Gefahr zu laufen zusammenzubrechen, und man begann zu munkeln, er wäre süchtig nach Crack. Es gibt keine Hinweise, die das bestätigten oder belegten, dass Eminem diese Droge jemals ausprobiert hätte, aber die Gerüchte machten die Runde, und allein das war kein gutes Zeichen.

Auch ohne Drogen war es für jeden, der ihm nahe stand, unübersehbar, dass Eminem eine destruktive Ader in sich hatte, und als das Jahr 1998 dem Herbst entgegenging, bestand kein Zweifel mehr daran, dass dieser aufstrebende Star bereits an seinen Reserven zehrte.

Einen seiner Tiefpunkte in dieser Phase erreichte Eminem, als er sich bei einer Veranstaltung in L.A. um einige Stunden verspätete und die Menge unruhig wurde. Einige Leute im Publikum riefen erbost: »Schleift den Crack-Schädel auf die Bühne!« Als Eminem schließlich erschien, war er körperlich in einer jämmerlichen Verfassung und gespenstisch bleich. Man konnte deutlich erkennen, wie viel Gewicht er verloren hatte. Die Bühnenbeleuchtung musste gedämpft werden, weil er das grelle Licht der Scheinwerfer nicht ertragen konnte, und er war so schwach, dass er, in eine weiße Decke gehüllt, Hilfe benötigte, um einige Stufen hinabzusteigen.

Crack oder nicht, dieser Junge führte eindeutig einen Lebenswandel, der ihn bis an die Grenze der Belastbarkeit trieb und drohte, seiner gerade erst begonnenen Karriere ein frühes Ende zu bereiten. Doch obwohl er kaum mehr als ein zitterndes Wrack war, machte im gleichen Moment, als er die Bühne betrat, irgendetwas in ihm *klick,* und er lieferte eine grandiose Vorstellung ab, die alle in ihren Bann zog. Seine Augen quollen wie die eines Besessenen aus ihren Höhlen hervor, aber die Menge liebte ihn gerade wegen dieser Besessenheit. Selbst diejenigen, die ihn noch kurz zuvor als hoffnungslosen Junkie abgeschrieben hatten, jubelten ihm jetzt zu und brüllten an den entsprechenden Stellen die Refrainzeilen der Songs zurück.

Es war eine überwältigende Show. An diesem Abend wurde Eminem zur leibhaftigen Verkörperung von Slim

Shady, die Augen weit aufgerissen und zornig wie der Teufel. Und alle waren begeistert.

Gegen Ende des Jahres 1998 zeichnete sich ab, dass sich die anstrengende Arbeit an der Basis gelohnt hatte. Radiosender überall in Amerika spielten »My Name Is« in ihren Late Night Shows, obwohl die offizielle Veröffentlichung noch immer ausstand. Jeder Gig, den Eminem gab, war ausverkauft. Er war mittlerweile die heißeste Nummer in jeder Stadt, in der er auftrat. Alle Veranstaltungen waren überfüllt, und er wurde wie ein Star empfangen. Das Publikum bestand jetzt aus echten Fans, nicht mehr aus neugierigen Hip-Hoppern, die nur einmal einen kurzen Blick riskieren wollten – und sie sangen jedes Stück mit.

Es war erstaunlich, wie viele bereits die zungenbrecherischen Texte von Songs kannten, die noch nicht in den Geschäften erhältlich waren. Der Hype hatte sich in den Monaten, seit Eminem bei Dr. Dre unterschrieben hatte, beständig aufgebaut, und jetzt legte er noch einen Zahn zu. Bemerkenswerterweise gab es auch redaktionelle Unterstützung von den seriösen Blättern der Hip-Hop-Presse, unter anderem von dem Magazin »The Source« und »Rap Pages«, was ein beachtlicher Coup für einen weißen Rapper war.

Endlich begann die schwarze Gemeinde, Eminem etwas Respekt zu zollen. Wichtige Persönlichkeiten aus der Musikbranche und den Medien wurden zu seinen Auftritten eingeladen, und alle waren beeindruckt von dem, was sie sahen.

Das Erstaunlichste aber war das Interesse, das Eminem von Seiten weißer Fans entgegenschlug, genauer gesagt von weißen Mädchen im Teenageralter. Ganze Horden von ihnen drängten sich stundenlang vergeblich in langen Schlangen, um eine Karte für seine Show zu ergattern. Diejenigen, die nicht hineinkamen, warteten draußen bis spät in die Nacht hinein und kreischten, wenn er die Veranstaltungsorte verließ und sie einen flüchtigen Blick auf ihn erhaschen konnten. Es war die Art von Fan-Reaktion, die eigentlich für Boy-Groups wie die Backstreet Boys, nicht aber für Rapper typisch ist. Irgendetwas Großes war im Gange, und jeder konnte es spüren.

Die von der Plattenindustrie um diese Zeit veröffentlichten Absatzzahlen zeigten, dass der Rap in den USA zum ersten Mal die Country-Musik überflügelt hatte. Hip-Hop war heiß. Die Pop-Musik in Amerika hatte ihren Sättigungsgrad im Gefolge der explosionsartigen Ausbreitung aus dem Boden gestampfter Girl- und Boy-Groups erreicht. Die Backstreet Boys hatten den Weg vorgezeichnet, aber jetzt gab es eine Flut von Plastik-Bands, die versuchten, vom Erfolg ihrer Vorgänger zu profitieren. Für die neue Generation der Teenager war dieser Bubblegum-Pop längst ein alter Hut, zu harmlos und zu sauber. Er langweilte sie. Dadurch tat sich auf dem Musikmarkt eine Lücke auf. Sie wollten etwas mit Biss. Der Zeitpunkt hätte gar nicht günstiger für Eminem sein können.

Kapitel 8

Der Durchbruch

Im Januar gab der Eminem-Express schließlich Vollgas. Eine entschärfte Version von »My Name Is« wurde den Radiosendern von der Ost- bis zur Westküste ausgehändigt, und MTV zeigte das familiengerechte Video zu dem Song. Es entwickelte sich zu einem Smash-Hit und flimmerte rund um die Uhr über die Mattscheiben. Alle liebten Slim Shadys spitzfindigen Humor und seine Art, in verschiedene Verkleidungen zu schlüpfen, in denen er sich über die kulturellen Gepflogenheiten des Amerikas der 50er Jahre bis hin zu der Geschichte um Monica Lewinsky lustig machte, die Präsident Bill Clinton einen geblasen hatte.

Der Erfolg des Videos verschaffte Eminem Zugang zu Millionen von Haushalten in Amerika und Europa. Damit hatte er ein gewisses Maß an Berühmtheit erlangt, und plötzlich gehörten die Zeiten, in denen dem Publikum erst einmal erklärt werden musste, wer Eminem überhaupt war, der Vergangenheit an. Die Haltung ihm gegenüber veränderte sich sehr schnell.

»Vor diesem Video war es mir teilweise unmöglich, als Eminem in irgendeinen beschissenen Club reingelassen zu werden«, kommentierte Eminem damals. »Jetzt räumen sie Tische für mich frei. Das ist verdammt verrückt und auch ziemlich unheimlich, denn du kannst genauso schnell, wie du an die Spitze gelangt bist, wieder abstürzen.«

Doch er war bereit, so lange auf der Woge des Ruhms zu reiten, wie er konnte. »Wenn sich der Erfolg einstellt, greife ich mit beiden Händen zu, denn Respekt allein kann meine Tochter nicht ernähren«, fügte er hinzu. »Berühmtheit und Geld – dieser Scheiß ernährt meine Tochter. Aber ich habe ohnehin vor, nicht nur den kurzfristigen Erfolg zu suchen. Ich werde diese Scheiße durchziehen, solange ich kann.«

Am 22. Februar 1999 wurde die Single offiziell im Rahmen einer Party im House of Blues vorgestellt. Noch wenige Monate zuvor hatte Eminem die Leute überreden müssen, überhaupt in den Club und die angeschlossene VIP-Bar hineingelassen zu werden. Diesmal war alles ganz anders. Das House of Blues war bis zum Bersten gefüllt. Eminem traf stilvoll ein und wurde während des gesamten Auftritts bejubelt. Dr. Dre, der die Show verfolgte, rief immer wieder begeistert: »Yo! Das ist mein Junge!«

Es wurde eine fantastische Nacht. Die Rap-Rakete hatte vollends abgehoben. Alle – einschließlich der Türsteher – wussten genau, wer Eminem war, und am Ende der Nacht verließ er die Veranstaltung tatsächlich in einer Limousine, umringt von einer Meute kreischender Fans, die gegen die Wagenscheiben klopften. Sein Leben hatte sich für alle Zeiten verändert. Jetzt war er ein berühmter Rap-Star, der die Früchte des Erfolgs genießen konnte. Von nun an würde ihm kein Nachtclub mehr verschlossen bleiben, und schöne Frauen, die ihn früher keines zweiten Blickes gewürdigt hätten, umschwirrten ihn plötzlich von allen Seiten. Es war ein berauschendes Gefühl. Schon bald sollte er aber erfahren, dass der Ruhm ebenso viele Probleme wie angenehme Seiten mit sich brachte.

Die Single stürmte die Charts, doch das Eminem-Phänomen explodierte erst richtig im März mit der Veröffentlichung der »The Slim Shady LP«. Gemessen an den üblichen Auflagen eines Debütalbums, hatte es gewaltige Vorbestellungen gegeben. Die Zeit bis zur Herstellung der Erstauflage war äußerst knapp bemessen, und so legte die Plattenfirma Extraschichten ein, um die riesige Nachfrage befriedigen zu können. Ganze LKW-Ladungen der CD wurden kreuz und quer durch Amerika gefahren. Sie erschien in den Geschäften mit einem Aufkleber auf dem Cover, der die Eltern warnte, dass ihr Inhalt nicht für Jugendliche unter achtzehn Jahren geeignet wäre, was natürlich erst recht dazu beitrug, die CD noch begehrenswerter für die Kids zu machen. Die drastische Sprache und der rebellische Inhalt der Songtexte waren etwas, das sie ebenso fesselte wie die eingängigen Reime. Seit Jahren hatte kein Album in der Musikszene Stoff für so viele hitzige Diskussionen gesorgt.

»The Slim Shady LP« stieg auf Platz zwei in den Billboard-Charts ein und verkaufte sich bereits in den ersten beiden Wochen 480 000 Mal. Schon bald überschritt sie die Grenze von einer Million Exemplaren und machte Eminem zum ersten Rapper aus Detroit, der mit Platin ausgezeichnet wurde. Damit stand jetzt schon fest, dass er reich werden würde. In seiner Heimatstadt sprachen die Leute voller Stolz über den Jungen, der es geschafft hatte. Es war verblüffend, dass das so genannte Stück weißen Mülls, der Junge, der sein ganzes bisheriges Leben nur Zurückweisungen erfahren hatte, nun ein gefeierter Star war und von ganz Amerika hofiert wurde. Seine kühnsten Träume hatten sich bewahrheitet.

Falls irgendjemand von den Leuten, die ihn stets gedisst

hatten, auf die Idee kam, Kontakt zu ihm aufzunehmen, brauchte er nur einen Blick auf die Spalte mit den Danksagungen auf dem Booklet der CD zu werfen, um zu wissen, dass er keine Gnade zu erwarten hatte. Eminem hatte das Album voller Stolz seiner Tochter Hailie gewidmet; aber das Booklet enthielt einen zusätzlichen Hinweis für all diejenigen, die ihn schlecht behandelt hatten oder ihm immer noch Fragen zur Rassenthematik stellten. Der Text lautet wie folgt:

»An alle, die ich zu erwähnen vergessen habe: Aus dem einen oder anderen Grund habe ich nicht an euch gedacht, und wahrscheinlich verdient ihr sowieso keinen Dank. Und für alle, die mir nie mit Zuneigung begegnet sind und mich noch immer nur auf Grund meines Aussehens ablehnen, habe ich folgende Botschaft: Lutscht meinen Schwanz und fickt euch selbst!«

Eminems anstößige Musik fegte wie ein wütender Hurrikan über Amerika hinweg. Sie war voller Energie und einer gewissen düsteren Schönheit, die ihre Zuhörer gefangen nahm; aber sie hatte auch ein destruktives Element, das die Leute sowohl faszinierte als auch erschreckte. Schwarze und weiße Fans im Teenageralter liebten Eminem, ihre Eltern und Personen des öffentlichen Lebens hingegen fühlten sich von seiner derben Sprache und seinem obszönen Einfallsreichtum abgestoßen. Es machte sie misstrauisch, dass er in so weiten Kreisen der Jugendszene Zuspruch fand, und ihrer festen Überzeugung nach übte er einen schlechten Einfluss auf sie aus.

Schon bald formierte sich eine Bewegung, die Eminem ablehnte. Er sprach unverkennbar eine Schicht desillusionierter weißer Jugendlicher an, die bisher von der wütenden Grundstimmung des Gangsta-Rap unberührt geblieben waren. Nun hatte es den Anschein, als sollte dieser Ausdruck der Unzufriedenheit nicht länger das Monopol der armen schwarzen Ghetto-Kids bleiben. Auch Kids der weißen Mittelschicht aus relativ wohlhabenden, in gesicherten Verhältnissen lebenden Familien waren voller Frust und Zorn, und sie bildeten die neue Gruppe der Rap-Fans, die Eminem entfesselt hatte. Ihre Unzufriedenheit und Sehnsucht nach Rebellion trugen dazu bei, dass sie Gefallen an Eminems bösartigen Tiraden über Eltern, schreckliche Lehrer, Sex und Drogen fanden. Die Zeile »I don't give a fuck, God sent me to piss the world off!« erwies sich als ziemlich zutreffend. So wurde »The Slim Shady LP« denn auch unverzüglich von Timothy White, dem Herausgeber des Magazins »Billboard« mit dem Argument angegriffen, »Geld mit der Ausbeutung des Elends auf der Welt zu machen«.

Andere Kritiker der Rap-Presse hieben in die gleiche Kerbe. »Vibe« nannte Eminem einen »geistig labilen Rapper«, »Spin« ein »wehleidiges weißes Sozialhilfe-Kid«. Andere Rezensenten dagegen schwärmten von seinem Talent. Er wurde als der »Freddie Krueger des Hip-Hop« bezeichnet, in Anlehnung an den finsteren Schlitzer aus der Horrorfilm-Reihe »Nightmare On Elm Street«.

Ein anderer Kritiker schrieb über das Album: »Es steckt voller schwindelerregender, sprachlicher Eskapaden, die einen tiefen Einblick in das Seelenleben eines vulgären, geistig äußerst angespannten aber trotzdem höchst begabten Wortschmiedes geben. Die Zusammenstellung der vierzehn Stücke enthält einige der bemerkenswertesten und wahnsinnigsten Songtexte, die jemals aufgenommen wurden. Eminems möglicherweise kontroversen und zweifellos anstößigen Songs werden bei einer Vielzahl von Hip-Hop-Begeisterten, die glauben, nichts zu verlieren aber eine Menge zu gewinnen zu haben, eine ganz besondere Saite anschlagen.«

So wie das Album sich zu einem Mega-Hit entwickelte, stampfte auch das Monster Slim Shady über die Bühne der öffentlichen Debatten in Amerika. Diejenigen, die Eminem hassten, bezeichneten ihn als derb, gewalttätig, anrüchig und als schlechtes Beispiel für die Kids von heute. Für die anderen, die ihn liebten, war er ein Poet, ein revolutionärer Held, ein Sprachrohr sowohl für die schwarze als auch die weiße Jugend. Er war ein Mann, den sie bewunderten, weil er in einer zunehmend von politischer Korrektheit dominierten Welt unverblümt aussprach, was er dachte. Eminem hatte den Mut, das zu sagen, was die Kids den Autoritäten sagen wollten: Fickt euch! Sein Markenzeichen war der ausgestreckte Mittelfinger, und sie liebten Eminem dafür, ihn jedem zu zeigen, der ihm in die Quere kam.

In einem seltenen Moment diplomatischer Rücksichtnahme versuchte Eminem, dem auf ihn gerichteten elterlichen Zorn etwas von der Schärfe zu nehmen, indem er erklärte: »Mein Album ist autobiografisch ... Es ist einfach die Story eines weißen Jungen, der in einer schwarzen Wohngegend aufgewachsen ist und ein ziemlich beschissenes Leben hatte – nicht das Schlimmste, das man sich vorstellen kann, aber immer noch beschissen genug. Die Gegenden, in denen wir lebten, waren total abgefuckt. Selbst in vielen meiner komischen Zeilen steckt Wahrheit. Ein Teil in mir macht sich Luft über meine Kindheit. Ich greife eine Menge von diesem Zeug in meinem Album auf. Und ich bin nicht der Einzige, der so empfindet. Ich denke, eine Menge Leute können sich in meinem Shit wieder erkennen, ganz egal ob sie schwarz oder weiß sind. Jeder hat irgendeine Scheiße durchgemacht, ob drastische Sachen oder nicht. Jeder kommt einmal an den Punkt, wo er sich sagt: ›I don't give a fuck.‹

Mein Album sollte nicht von den jüngeren Kids gehört werden. Es hat einen Warnaufkleber für die Eltern, und man muss mindestens achtzehn sein, um es kaufen zu dürfen. Das bedeutet natürlich nicht, dass es nicht auch Jüngere in die Finger kriegen, aber ich bin nicht verantwortlich für jedes einzelne Kid dort draußen. Ich bin kein Vorbild, und ich habe auch nie behauptet, eins zu sein. Hätten irgendwelche Eltern sich den Song ›Role Model‹ angehört, müssten sie mir zustimmen, denn er beginnt mit den Worten:

›Ok, I am going to attempt to drown myself
You can try this at home
You can be just like me!‹«

(Okay, ich werde jetzt versuchen, mich zu ersäufen.
Ihr könnt es selbst zu Hause ausprobieren.
Ihr könnt genau wie ich sein.)

Als die Kontroversen über seine Songs weiter wüteten, bekam es Eminem allmählich satt, sich zu verteidigen. Er spielte denen, die ihn denunzierten, direkt in die Hände, als er giftete: »Die Kids, die aus einem wohlhabenden Umfeld kommen, hören meine Musik manchmal, um damit zu sagen: ›Fickt euch, Mom und Dad, das ist es, was ich tun will, ich möchte Hip-Hop hören und mir die Mütze verkehrt herum aufsetzen.‹ Und deshalb sage ich allen Leuten, die ich beleidigt habe: ›Yeah, das Gleiche auch von mir, fickt euch!‹«

Genau das war es, was seine Fans von ihm hören wollten.

Ein Anzeichen dafür, dass Eminem langsam auch vom Mainstream der Musikszene akzeptiert wurde, war die mit Nachdruck an ihn herangetragene Einladung, bei der Verleihung der MTV Awards aufzutreten. Eminem schoss den Vogel ab, indem er durch die aufwändig gestaltete Nachbildung eines Wohnwagenparks stolzierte, während er »My Name Is« sang. Es war eine seltsame Vorstellung, dass dieser neue Star noch immer in einem Wohnwagen am Rande von Detroit hauste. Obwohl er bereits Geld verdient hatte und noch mehr verdienen sollte, war er bisher noch nicht dazu gekommen, seine Wohnverhältnisse zu verbessern. Tatsächlich hatte es ihm wenig Freude bereitet, Geld für sich selbst auszugeben; aber er konnte nie der Versuchung widerstehen, Hailie mit Geschenken zu überhäufen, sobald er heimkam.

»Ich kann einfach nicht anders, als sie zu verwöhnen«, erklärt er. »Selbst wenn sie mir sagt: ›Daddy, du musst mir nicht überall, wo wir hingehen, etwas kaufen.‹ Ich weiß nicht, ob das gut oder schlecht ist. Ich schätze, ich werde es herausfinden, sobald sie ein Teenager ist. Meine Kleine wurde nicht mit einem Silberlöffel im Mund geboren, aber jetzt hat sie einen.«

Kim dagegen hatte große Lust, Geld auszugeben. Sie hatte es zu Recht satt, in einem Wohnwagen zu hausen, während ihr Superstar von einem Verlobten auf einer Welle hysterischer Euphorie durch das Land reiste. Sie wünschte sich ein größeres Zuhause, das ihr eine gesicherte Zukunft versprach. Eminem und sie kamen überein, das Geld, das er verdiente, in den Kauf eines richtigen Hauses zu investieren. Zu diesem Zeitpunkt hatten sie keine Ahnung, wie lange sein Ruhm anhalten würde, und so war es nur vernünftig, den unerwarteten Reichtum gut anzulegen.

Zwar hätten sie es sich leisten können, überall zu wohnen, aber Eminem stand immer noch mit seinen alten Freunden in Detroit in Verbindung. Er wollte dort bleiben, wo seine Wurzeln waren, und sich nicht in einem Prominenten-Anwesen verkriechen.

Die beiden machten sich auf die Suche und entschieden sich schließlich für ein großes Haus in den Sterling Heights außerhalb der City. Es lag an einer Hauptstraße und war deutlich sichtbar, aber sie glaubten, dass das kein Problem darstellen würde. Eminem war nicht so berühmt, als dass er sich hinter hohen Eisenzäunen hätte verbarrikadieren müssen.

Das Haus war nicht nur der erste Grundbesitz in seinem Leben, es war auch sein erstes Heim, das diese Bezeichnung verdiente. Nun, da sie eine feste Bleibe hatten, beschlossen sie zu heiraten. Zum ersten Mal schien sich alles perfekt für sie zu entwickeln.

Nachdem sie umgezogen waren, einigten sie sich darauf, den Wohnwagen aufzugeben, eine Entscheidung, die seine Mutter Debbie verärgerte. Sie lebte mittlerweile wieder in Kansas City, wollte aber auch weiter an dem Wohnwagen festhalten. Vielleicht war sie nur neidisch auf den Erfolg ihres Sohnes und fühlte sich im fernen Missouri davon ausgeschlossen. Ohne Frage gab es keine Sympathie zwischen Kim und ihr, und nach all den Jahren, in denen sie ihren Jungen unter großen Schwierigkeiten aufgezogen hatte, missgönnte sie es ihrer jungen Schwiegertochter, jetzt die Früchte ihrer Arbeit zu ernten. Was war mit ihr? Was war mit all den Opfern, die sie für ihn gebracht hatte? Was erhielt sie dafür?

Debbie war wütend und verbittert, und sie hatte es sich stets zur Aufgabe gemacht, mit jedem abzurechnen, der sie betrogen hatte. Schon früher war es wegen Nichtigkeiten zu Zerwürfnissen zwischen Mutter und Sohn gekommen, und selbst in relativ leichten Zeiten waren sie nie besonders gut miteinander ausgekommen.

Während der Zirkus um Eminem anhielt, feierte er im Detroit State Theater mit einem Auftritt eine spektakuläre Heimkehr. Mittlerweile hatte sich das Album 1,6 Millionen Mal verkauft, und er konnte mit Leichtigkeit dreitausend Fans anlocken.

Das State Theater liegt im Osten der Stadt, nur wenige Meilen von der Gegend entfernt, in der Eminem aufgewachsen war; aber der Unterschied zwischen seinen kümmerlichen Anfängen und dem Leben, das er jetzt führte, war unermesslich. Das Konzert beinhaltete die Teilnahme einer All-Star-Gruppe, darunter seine *homeboys* von einst, Proof, Royce 5'9" und DJ Head, sowie einen Cameo-Auftritt von Dr. Dre, den Eminem zu diesem Anlass extra hatte einfliegen lassen. Eminem brachte eine brillante Zusammenstellung von Tracks aus dem Album, unter anderem »My Fault«, »Role Model« und »My Name Is«. Von Anfang an versicherte er der Menge »Ich spüre die Liebe«, und er hatte zweifellos viel Spaß. In ein übergroßes, schweißgetränktes weißes T-Shirt gekleidet, lief er am Rand der Bühne auf und ab, schlug in die ihm entgegengestreckten Hände aus der ersten Reihe und surfte während des Songs »As The World Turns« sogar durch die Menge.

In einer Lokalzeitung stand später: »Wenn Sie zu den wenigen Zuschauern der lokalen Hip-Hop-Veranstaltungen gehören, durch die sich Eminem früher durchgebissen hat, war der Samstagabend-Gig eine Offenbarung. Der Rapper gab sich wie ein Star und sah auch wie einer aus.«

Das Konzert wurde zu einem Triumph und einer grandiosen Botschaft Eminems an seine Heimatstadt: *Ich habe es geschafft!* Okay, die Plattenverkäufe und die Auftritte in MTV waren Beweis genug; aber es bedeutete ihm mehr, live in Detroit zu spielen und die Gesichter der Detroiter zu sehen, die ihm zujubelten. Mehr als alles andere dürstete Eminem nach dem Respekt der Menschen aus der Gegend, aus der er kam. Trotz all des Zorns und der Bitterkeit über die Art, wie er groß geworden war und über die er sich in seinen Texten Luft machte, liebte er Detroit, und sein Herz würde immer dieser Stadt gehören. Deshalb hatte er auch ein Haus am Rande der City und nicht in L.A. gekauft.

Das Ende des Abends wurde jedoch durch einen traurigen Moment getrübt, denn erst wenige Tage zuvor war Cornell »Bugz« Pitts, ein Rapper von den D-12 und einer der engsten Freunde Eminems, während eines Kampfs erschossen worden. Vor den Zugaben legte Eminem eine Gedenkminute für seinen alten Freund ein.

Die Kontroversen um Eminem blieben nie aus, und sein Song »97' Bonnie and Clyde« wurde von seinen Kritikern nur zu gern aufgegriffen. Der Text des Stückes, in dem er sich selbst als gewalttätigen Frauenfeind porträtiert, lieferte allen, die fürchteten, dass Eminem einen zu großen Einfluss auf die Jugend Amerikas haben könnte, einen eindeutigen Beweis für ihre Thesen. Frauenrechtlerinnen gingen auf die Barrikaden, und wieder einmal fand sich Eminem in der Defensive. Als wäre seine Ehe mit Kim nicht ohnehin schon zerbrechlich genug, ruhten jetzt die Augen der ganzen Welt auf ihrer Beziehung.

Kim war nicht gerade begeistert gewesen, als sie den Song zum ersten Mal in seiner ursprünglichen Form gehört und erfahren hatte, dass die Stimme ihrer Tochter in dem Stück auftauchte. Jetzt rissen all die alten Wunden unter den Blicken der Öffentlichkeit erneut auf. Es quälte sie, dass die ganze Welt wusste, welchen Hass ihr Mann einmal für sie empfunden hatte, genug um sich zu wünschen, sie umzubringen. Wenn es schon Bände über seinen verdrehten Charakter sprach, was sagte es dann über sie aus? Für eine junge Frau mit einem so ungefestigten Wesen war diese Situation schwer zu ertragen.

Eminem versuchte, sich in einem Interview zu erklären. »Ich bin ein Schwein, yeah«, gestand er, »ich habe ein ziemlich gespanntes Verhältnis zu Frauen, und so ist es schon immer gewesen. Aber meistens, wenn ich Scheiße über Frauen erzähle, wenn ich sie als ›Nutten‹ bezeichne, ist es so lächerlich, dass ich das stereotype Bild des Rappers damit auf die Spitze treibe. Ich hasse Frauen nicht grundsätzlich, sie machen mich nur manchmal verrückt. Ich und die *Missus,* wir gehen uns gegenseitig an die Kehle. Es ist kein Geheimnis, dass wir unsere Probleme hatten und immer noch haben. Wenn mich irgendetwas stört, scheint es mir das Beste zu sein, einen Song darüber zu schreiben, um es so aus der Welt zu schaffen. Sobald ich das mache, können sich die Leute um so besser in mich hinein versetzen. Je mehr ich ihnen erzähle, desto enger wird unsere Verbindung.

Ich garantiere, dass es eine Menge Leute gibt, die in ihren Beziehungen die gleiche Scheiße durchmachen, mit ihren Frauen oder ihren Männern. Ich denke, dass eine Menge Leute das Gleiche fühlen, was ich laut ausspreche. Sobald man dann ein Kind hat, wird alles noch um so vieles komplizierter, besonders wenn man mit seinem Partner nicht zurechtkommt. Man versucht, alles auf die Reihe zu bringen, man will, dass alles in der Familie gut läuft, aber es passiert immer wieder irgendeine gottverdammte Scheiße. Ich sage das jetzt nicht, um Kim zu verteidigen, aber mir ist klar, dass das, was mir passiert ist, auch für sie sehr belastend gewesen sein muss. Es ist schwierig, damit umzugehen. Dazu muss man gut in Form sein.«

Auf die Frage, warum er nie über die zärtlichen Seiten seiner Beziehung zu Kim geschrieben hat, fügte er hinzu: »Das wäre für mich so etwas wie das Ausplaudern von intimen Gefühlen in der Öffentlichkeit. Und außerdem beschäftige ich mich sowieso nicht mit diesem ganzen sentimentalen Scheiß.«

Während die Verkaufszahlen des Albums weiter unaufhaltsam in die Höhe schossen, absolvierte Eminem überall in Amerika hochkarätige Gigs. Drei Club-Termine in New York waren bereits lange vor der Veröffentlichung des Albums gebucht worden. Es handelte sich um winzige Läden, die vor Eminems Durchbruch akzeptabel gewesen waren. Zwar waren sie für einen Künstler seines Formats mittlerweile viel zu klein, aber er erfüllte seine vertraglichen Verpflichtungen. Als er zu einer dieser Veranstaltungen in Manhattan erschien, kam der Verkehr in den umliegenden Straßen des Clubs, die von Tausenden seiner Fans verstopft waren, völlig zum Erliegen. Die meisten dieser Fans waren weiße Teenager, und es spielten sich Szenen ab, wie sie normalerweise den großen Boy-Groups vorbehalten sind. Niemals zuvor hatte man etwas Vergleichbares im Zusammenhang mit dem Auftritt eines Rappers gesehen. Eines stand fest: Eminem würde nie wieder vor einer bescheidenen Kulisse spielen müssen.

Kapitel 9

Der Fluch des Ruhms

Eminems Bekanntheitsgrad wuchs auch international, und zum ersten Mal begann er, über die Landesgrenzen hinaus auf Tournee zu gehen. Er absolvierte eine Reihe von Gigs in London und quer durch Europa, in Japan und Teilen Südostasiens. Am besten gefiel es ihm in Amsterdam, in der Sex-Metropole Hollands, wo es legal ist, Cannabis in Coffee Shops zu konsumieren. Amsterdam ist eine freizügige Stadt und wie maßgeschneidert für jemanden wie Eminem. Er gestand, sich während eines Besuchs mit cannabishaltigen »Space Cakes« und »Hash Brownies« vollgestopft zu haben, bis er völlig stoned war. Danach zog er unbekümmert los, um der Presse Interviews zu geben.

»Man konnte keinen vernünftigen Satz aus mir herausbekommen«, erzählt er. »Wer liest, was ich damals gesagt habe, muss glauben, ich hätte den Verstand verloren.«

Was wohl nicht ganz unzutreffend gewesen sein dürfte.

Nach seiner internationalen Rundreise kehrte er nach Amerika zurück, trat weiterhin landesweit auf und setzte die Promotion-Tour fort. Es war eine anstrengende Tretmühle, die aus Interviews, Werbeveranstaltungen, TV-Auftritten und Talkshows bestand. Termine spät in der Nacht wechselten sich mit solchen am Morgen ab, Eminem arbeitete rund um die Uhr. So ging es immer weiter, und wenn er nicht gerade auftrat, fuhr er von einer Stadt zur nächsten, um Werbung in eigener Sache zu machen. Und wohin er auch kam, überall gab es Partys zu feiern.

Rapper sind berüchtigt dafür, mit einem größeren Gefolge zu reisen, und so wurde Eminem ständig von seiner Crew begleitet. Er hatte seine Bodyguards, Fahrer, Assistenten und enge Freunde dabei. Außerdem bestritt er einen Teil der Auftritte mit seinem Rap-Partner Royce, der ebenfalls eine eigene Crew mitschleppte. Es war wie eine Party auf Reisen, an der mehr als zwanzig Personen teilnahmen, und wo die beiden Crews auch immer in Clubs oder Hotels einfielen, nahmen sie sie in Beschlag. Im Lauf der nächsten Monate wurde Eminems Anhang sogar noch zahlreicher, aber das war jetzt sein Leben, und die absehbare Zukunft sollte zu einer endlosen Fete und einem emotionalen Ausnahmezustand werden, der ihn bis an den Rand der Erschöpfung führte. Er lebte in einem derart aberwitzigen Tempo, dass alles vor seinen Augen verschwamm.

Einmal, als er für ein paar Tage in Detroit war, um Kim und Hailie zu sehen, beschloss er, seinen alten Arbeitskollegen im Gilbert's Lodge einen Besuch abzustatten. Er hätte sich ihnen gegenüber anständig aufführen und die Gelegenheit benutzen können, um wieder ein Gefühl für die Realität zu entwickeln. Schließlich musste er niemandem etwas beweisen, und wahrscheinlich wollte der Marshall Mathers in ihm nichts anderes, als ein paar entspannte Stunden mit den alten Kollegen zu verbringen und zu hören, wie sie ihm zujubelten, weil er es geschafft hatte. Stattdessen aber erschien er in einer Limousine als der große Star Eminem, mit dem festen Vorsatz, ihnen seinen Erfolg unter die Nase zu reiben. Er bestellte ein Gericht und gab zweihundert Dollar Trinkgeld. Eine großzügige Geste, jedoch war dies ein arrogantes und schäbiges Verhalten, wie es die hart arbeitenden Leute im Restaurant nicht verdient hatten. Dazu sagte er später: »Sie hatten mich nicht ernst genommen und ausgelacht, und jetzt war ich es, der sie auslachte.«

All das Geld und der Ruhm brachten die schlechtesten Eigenschaften Eminems hervor, und seine abrupten Stimmungswechsel häuften sich. So konnte er sich beispielsweise während eines Interviews charmant geben und stundenlang freundlich und offenherzig mit einem Journalisten über sein Leben plaudern. Er sprach häufig ernsthaft und sogar recht bescheiden über seinen Erfolg. In solchen Momenten zeigte sich, dass er völlig von dem überrumpelt worden war, was sich in seinem Leben ereignet hatte. Das war der Marshall Mathers, der von sich erzählte, aber sobald er wieder mit seiner *posse* zuammen war, kehrte der Rap-Star Eminem zurück und mit ihm die launische Seite seines Wesens. Dann schienen sich Mauern um ihn herum aufzurichten, als verspürte er den Drang, vor seinen Kumpeln den harten Mann zu spielen.

Offenbar wohnen mindestens drei Seelen in seiner Brust: Marshall, Eminem und Slim. Ein Autor, der ihn in London ausführlich interviewte, kam gut mit ihm zurecht. Doch kaum tauchten Eminems Leute auf, wurde der Star kalt und abweisend und fauchte den Mann, mit dem er noch Momente zuvor geplaudert hatte, als wären sie alte Freunde, geringschätzig an: »Hey, Mann, Sie gehen mir auf die Nerven. Hauen Sie ab!« Er hatte sich völlig verändert.

Wenn jemand seine Persönlichkeit kritisiert, kennt er kein Erbarmen. »Die Leute glauben schon, ich wäre der Antichrist«, sagt er. »Ich bin an einem Punkt angelangt, an dem mir jeder mit solchen Sprüchen kommt wie: ›Du bist ein Arschloch.‹ Und darauf antworte ich: ›Ich werde euch zeigen, was ein richtiges Arschloch ist.‹«

Während einige ihn schwierig fanden, begegneten ihm andere mit Ehrfurcht. Jimmy Iovine, der Mann, der ihn entdeckt hatte und in seiner Zeit im Musikgeschäft die größten Rapper kennen gelernt hat, sagt über ihn: »Ich denke, er ist einer der Besten, mit denen ich jemals gearbeitet habe. Er hat ein wirklich außergewöhnliches Talent. Wenn er seine Fähigkeiten richtig kanalisiert, gibt es keinerlei Grenzen für ihn.«

Auch Dr. Dre lobt das Talent seines Protegés. Zu den Problemen, die Eminem mit seinem Bekanntheitsgrad hatte, sagt er: »Es ist schwer, mit dem ganzen Ruhm klarzukommen. Eminem hatte eine Menge Probleme, als er jünger war, und er wagt immer noch nicht zu glauben, dass das alles wirklich mit ihm passiert. Wenn er der Gleiche bleibt, der damals mit mir ins Studio gegangen ist, wird er verdammt viel größer als Michael Jackson werden. Da gibt es eine Menge Fragezeichen, aber mein Mann, er ist Dope und sehr bescheiden.«

Auch andere Künstler standen Schlange, um mit Eminem zu arbeiten, Ausdruck des Stellenwertes, den er so schnell erreicht hatte. Etablierte Stars mit unterschiedlichstem musikalischen Background bedrängten sein Management und Dre und versuchten, mit Eminem ins Geschäft zu kommen. Er erhielt alle möglichen erstaunlichen Angebote, Duette mit anderen Künstlern zu singen oder eine Gastrolle in ihren Stücken zu übernehmen, aber vorläufig konzentrierte er sich auf seine eigenen Projekte.

Schöne Frauen ließen sich von seinem rauen Image verführen und sanken ihm zu Füßen. Das war eine Situation, der er mit Misstrauen begegnete, etwas, das er kaum glauben konnte. »Einige Mädchen versichern mir, wie toll ich bin, und sie versuchen, sich auf meinen Schoß zu setzen«, sagt er. »In diesen Momenten denke ich mir, wenn ich nur ich selbst und nicht so berühmt wäre, würdet ihr mich keines zweiten Blickes würdigen. Nicht mal eines ersten. Die Leute fragen ständig, warum meine Texte so frauenfeindlich sind – aber ich habe momentan einfach keine sonderlich hohe Meinung von Mädchen.«

Seine Meinung mag zwar nicht besonders hoch gewesen sein, aber wie sich später herausstellen sollte, war er trotzdem nicht abgeneigt, die sich ihm bietenden Gelegenheiten zu ergreifen. Seine Frauengeschichten lieferten schon bald allerlei fantasievollen Gesprächsstoff in Musik- und Medienkreisen, und Kim kochte innerlich, als die Gerüchte bis zu ihr nach Detroit drangen, wo sie sich bemühte, ein gemütliches Zuhause für die Familie zu schaffen.

Während ein eher zweifelhafter Ruf sein Leben zu bestimmen begann, sagte Eminem in einem Interview einen ziemlich bemerkenswerten Satz: »Wann immer mir etwas Gutes zustößt, folgt auch etwas Schlechtes.« Es war die prophetische und bezeichnende Einsicht eines gequälten Mannes, dessen Träume sich plötzlich erfüllt hatten. All die Jahre des Kampfes hatten sich durch seinen erstaunlichen Erfolg ausgezahlt – oder zumindest glaubte er das. Kein anderer Rapper vor ihm hatte mit einem einzigen Album eine derartige Wirkung erzielt, und alle Weichen waren gestellt, ihn auf eine noch höhere Stufe zu hieven. Eminem erreichte ein Publikum, das bisher noch nicht vom Rap erfasst worden war. Es war tatsächlich der Stoff jugendlicher Wunschträume. Er hatte Ruhm, Geld, Ansehen und sogar etwas Respekt erlangt. Aber nun stellte er fest, dass der Erfolg ein ganzes Bündel anderer Probleme nach sich zog.

Sein Status wurde bestätigt, als das Magazin »Rolling Stone«, das begehrteste Selbstdarstellungsforum für jeden Künstler, ihm ein Titel-Interview widmete. Die meisten Musik-Ikonen neuerer Zeit haben das Cover des »Rolling Stone« geziert, und es war ein Indiz für Eminems steilen Aufstieg, dass er zu so einem frühen Punkt in seiner Karriere überhaupt für diese Ehre in Betracht gezogen wurde. Das Cover-Foto zeigte ihn mit Kopfhörern auf den Ohren und einem mürrischen Gesichtsausdruck.

Das über mehrere Tage geführte Interview erschien Ende April 1999. Die Gespräche fanden in einer Limousine auf dem Weg zu den letzten kleinen Gigs statt, die er in New York gab; und dabei schluckte er in aller Öffentlichkeit die erste von drei Ecstasy-Pillen in Anwesenheit des Reporters. Er ließ sich ausführlich über sämtliche Details seines Lebens aus. Einer der angeschnittenen Punkte sollte zu mehr Schwierigkeiten führen, als er erwartet hatte; denn er behauptete, dass seine Mutter während seiner Kindheit Drogen genommen hätte. Im »Rolling Stone« war zu lesen: »Meine Mom zog sich jede Menge Dope und Shit rein – einen Haufen Pillen – und litt deshalb unter Stimmungsschwankungen. Sie ging entspannt ins Bett, wachte irgendwann wieder auf und schrie Sachen wie: ›Motherfuckers, haut ab!‹«

Es war nur ein kurzer Absatz in einem langen Interview, aber seine Mutter traf er damit. Und Eminem beging den Fehler, ähnliche Anschuldigungen während eines Gesprächs mit dem streitbaren Gastgeber Howard Stern in einer öffentlich übertragenen Talkshow zu wiederholen. In »My Name Is« hatte er bereits ähnliche Behauptungen aufgestellt:

Ninety-nine percent of my life I've been lied to
I just found out my mom does more dope than I do (Damn!)
I told her I'd grow up to be a famous rapper
Make a record about doing drugs and name it after her (Oh thank you!)

(Neunundneunzig Prozent meines Lebens wurde ich belogen.
Ich habe gerade herausgefunden, dass meine Mom sich mehr Drogen als ich reinzieht. (Verdammt!)
Ich sagte ihr, dass ich einmal ein berühmter Rapper werden würde.
Ich würde eine Platte über Drogen machen und sie nach ihr benennen. (Oh, ich danke dir!))

Debbie Mathers hatte bereits nach dem Song geschäumt, aber es war etwas anderes, dass Eminems Anschuldigungen jetzt Schwarz auf Weiß nachgelesen werden konnten. Das verlieh den Behauptungen mehr Authentizität, und sie flippte völlig aus. Nachdem sie schon früher versucht hatte, Supermärkte und Schulen zu verklagen, nahm sie nun ihren Sohn aufs Korn. Einige Zeit nach Veröffentlichung des Artikels verklagte sie ihn wegen Verleumdung auf zehn Millionen Dollar Schadenersatz. Sie gab an, sie hätte »verschiedene Formen emotionaler Bedrängnis erlitten, einschließlich eines verminderten Selbstwertgefühls, Demütigungen, schlaflose Nächte, Beeinträchtigung ihrer Kreditwürdigkeit und sogar den Verlust ihres Wohnwagens.«

Eminem und seine Mutter hatten immer gestritten. Dieser Streit bedeutete jedoch eine neue Eskalationsstufe und passte insofern zu seinem jetzigen Leben, als dass es in allen Bereichen immer extremere Züge annahm. Jahre zuvor hätte sie wie eine Verrückte getobt und ihn aus dem Haus geschmissen, jetzt wollte sie sein Geld. Seine Anwälte und er begegneten der Klage mit kalter Geringschätzigkeit und schworen, sie abzuschmettern.

»Sie hat mir immer zugesetzt, und jetzt, da sie weiß, dass ich Geld habe, lässt sie mich überhaupt nicht mehr in Ruhe«, kommentierte Eminem. »Ich weiß, dass es nicht nett ist, so etwas über seine Mutter zu sagen, aber unglücklicherweise ist es die Wahrheit.«

»Der Prozess kommt für Eminem nicht überraschend«, fügte sein Anwalt hinzu. »Seit dem Erfolg seiner Single hatte seine Mutter gedroht, ihn zu verklagen. Dies ist lediglich das Ergebnis einer belasteten Beziehung, wie sie schon sein ganzes Leben andauert. Trotzdem bleibt es schmerzlich, von der eigenen Mutter verklagt zu werden, und deshalb werden alle Reaktionen darauf ausschließlich auf einer juristischen Ebene erfolgen. Eminems Leben wird durch seine Musik widergespiegelt. Alles, was er gesagt hat, kann als wahr belegt werden. Die Wahrheit ist die beste Verteidigung bei einer Verleumdungsklage.«

Die Rechtsstreitigkeiten trugen weiter dazu bei, die Eminem geltende Aufmerksamkeit zu erhöhen. Er erregte nicht nur den Zorn der amerikanischen Öffentlichkeit, selbst seine Mutter griff ihn an. Es war das perfekte Boulevardthema, das dankbar von TV-Sendungen aufgegriffen und von Zeitungen überall auf der Welt ausgeschlachtet wurde.

Der Hype um Eminem nahm unglaubliche Dimensionen an. Journalisten belagerten sein Haus in Detroit, was wiederum zahllose Fans anlockte. Ob es ihm nun gefiel oder nicht, der Zirkus hatte ihn erreicht, und das ging ihm und

Kim gehörig auf die Nerven. Er stellte den Antrag, eine Sichtschutzmauer um das Grundstück herum errichten zu dürfen, aber die Behörden gestatteten ihm lediglich eine Höhe von maximal zwei Metern, zu wenig, um zu allem entschlossene Fans und neugierige Kameras fernzuhalten. Also sah sich Eminem gezwungen, Wachen zu engagieren, die auf seinem Grundstück patrouillierten. In einem Interview ging er auf die zunehmenden Probleme ein, die der Ruhm nach sich zog.

»Ich hatte das Haus zu einem Zeitpunkt gekauft, als ich noch nicht wusste, dass ich so erfolgreich werden würde, wie ich es heute bin – so nach dem Motto, schnapp es dir lieber jetzt, wer weiß, ob noch mehr Geld reinkommt. Also schlug ich zu, obwohl es direkt an der Hauptstraße liegt, denn ich rechnete damit, dass ab und zu höchstens ein paar Fans bei mir aufkreuzen würden. Das war ein beschissener Riesenfehler. Und die Stadt erlaubt mir nicht, einen Zaun aufzustellen. Sie verweigert mir die erforderliche Baugenehmigung. Die Behörden bestehen darauf, mich wie eine ganz normale Person zu behandeln, aber ich bin nun mal keine verfickte normale Person. Jetzt muss ich Wachen vor meinem Haus postieren, nur weil man mich keinen Zaun bauen lässt. Letzte Nacht bekam einer der Wachposten einen Schlag auf den Kopf ab. Das ist die Art von Leuten, mit denen ich es jetzt zu tun habe, Motherfucker, die an meine Haustür klopfen und entweder ein Autogramm haben oder Ärger machen wollen. Es sind schon Typen auf das Grundstück gekommen und haben in unserem Swimmingpool gebadet. Ich habe nie damit gerechnet, jemals so bekannt zu werden, und manchmal kann ich es immer noch nicht richtig fassen. Es gefällt mir nicht, dass ein Bodyguard meine Hand halten muss, wenn ich einfach nur zu meinem beschissenen Briefkasten gehen will. Irgendetwas in mir weigert sich zu glauben, dass ich nicht unbehelligt über die Straße laufen oder so normal sein kann, wie ich will. Das ist die Schattenseite der Geschichte. Mein Privatleben ist so ziemlich im Arsch. Mein ganzes Leben wird vor der Öffentlichkeit ausgebreitet.«

Eminem stand vor der Wahl, nach Los Angeles oder New York zu ziehen, wo er mit mehr Privatsphäre würde rechnen können, aber sein Herz hing nach wie vor an Detroit.

»Mit Detroit verbindet mich eine Hassliebe«, erklärt er. »Wenn ich fort bin, vermisse ich es, wenn ich da bin, hasse ich es. Es ist eine ganz normale und gewöhnliche Stadt, und deshalb bleibe ich hier. Ich nehme meine Stücke in L.A. auf, aber ich möchte nie dort leben. In L.A. kann man sich bestens amüsieren, und mir gefällt die ungezwungene Atmosphäre, aber dort muss man sich unter die Berühmtheiten mischen. Ich will mich nicht mit den großen Tieren dort abgeben, ich habe keine Lust, ein Teil dieser Szene zu werden. Es macht mir mehr Spaß, mit meinen Freunden zu Hause zu feiern. Ich bin immer noch mit denselben Leuten zusammen, die ich schon gekannt habe, bevor ich berühmt geworden bin. Um die Wahrheit zu sagen, alle, die ich seit damals neu kennen gelernt habe, sind nichts weiter als oberflächliche Bekannte.«

Das Leben steckte voller Widersprüche für Eminem. Er hatte so viel Erfolg, all seine Träume waren wahr geworden, und doch zerriss es ihn nahezu. Der Ruhm übte einen ungeheuren Druck auf seine Ehe aus, und auch wenn der Rechtsstreit mit seiner Mutter lächerlich war, belastete er ihn zusätzlich.

»Immer wenn ich Nathan anrufe, kann ich meine Mom im Hintergrund hören«, erzählt er. »Dann ruft sie: ›Ich liebe dich, mein Sohn. Warum liebst du mich nicht mehr?‹ Ich antworte ihr, dass sie eine Klage gegen mich eingereicht hat und versucht, mir jeden einzelnen Cent wegzunehmen. Dabei hätte sie das Geld sowieso von mir kriegen können. Ich hätte es ihr gegeben, aber durch ihre Klage hat sie alle Bande zerschnitten.«

Freude brachte allein Hailie in Eminems Leben. Er vergötterte sie mehr als je zuvor, ihre Unschuld gab seinem verrückten Leben eine gewisse Perspektive. Wann immer er Zeit mit ihr verbringen konnte, überschüttete er sie mit Geschenken, und allein mit ihr zu telefonieren, wenn er unterwegs war, baute ihn auf. Ihre Stimme zu hören, ließ ihn akzeptieren, dass all die Mühen, die er auf sich nahm, sich lohnten, wenn sie ihn nur in die Lage versetzten, ihr eine gesicherte Kindheit zu bieten, eine bessere, als er selbst gehabt hatte.

»Ich denke, den größten Einfluss auf mich übt meine Tochter aus«, sagt er. »Wenn ich zu Papier und Stift greife, habe ich das Gefühl, eine Menge von diesem Shit für sie zu machen. Ich denke, wenn ich durch diese Rap-Geschichte genug Geld verdiene, kann ich Hailie auf ein College schicken.«

Papier und Stift gehören zu den wenigen Dingen, die Eminem inmitten des ganzen Wahnsinns ein wenig Trost spenden und ihm Halt geben. Sobald er einen ruhigen Moment findet, kritzelt er wie besessen in einem Notizblock herum. Das unbedeutendste Ereignis oder ein Gespräch können ihm die Inspiration für eine Strophe oder sogar einen ganzen Song liefern.

»Mich überkommt eine ganze Menge spontaner Shit, der

mich einfach umhaut«, erklärt er. »Ich kann mich nicht einfach hinsetzen und nach Reimen suchen. Ich meine, ich könnte schon, aber ich tue das wirklich nicht gern. Es funktioniert besser, wenn ich es auf mich zukommen lasse, anstatt danach zu suchen.«

»The Slim Shady LP« hatte sich im Verlauf des Jahres 1999 weiterhin in riesigen Stückzahlen verkauft und erreichte schließlich eine Auflage von vier Millionen Exemplaren. Allmählich wuchs der Druck auf Eminem, den Erfolg zu wiederholen und zu beweisen, dass er mehr als eine Eintagsfliege war. Er reiste noch immer durch die Staaten, trat in großen Hallen auf und sorgte überall für Hysterie.

Seine ersten großen Konzerte quer durch Europa folgten im Herbst. Zu diesem Zeitpunkt existierten bereits feste Pläne für sein zweites Album, das »The Marshall Mathers LP« heißen sollte; und zwischen den einzelnen Stationen der Tournee kehrte er immer wieder ins Studio zurück, um neue Tracks einzuspielen.

Seine Schlachten mit Kim beherrschten nach wie vor sein Leben, und er griff das Thema erneut in einem der ersten Songs für sein zweites Album auf. Das Stück heißt »Kim« und schildert die Vorgeschichte der Ereignisse, die er in »97' Bonnie and Clyde« beschrieben hatte. Es dokumentiert die furchtbaren Streitereien, die in der anschließenden Ermordung Kims gipfeln.

Don't you get it bitch, no one can hear you?
Now shut the fuck up, and get what's coming to you
You were supposed to love me
Now bleed, bitch, bleed!

(Kapierst du nicht, Nutte, dass dich niemand hören kann?
Also halt die Schnauze, hol dir ab, was dir zusteht.
Du hättest mich lieben sollen.
Blute jetzt, Nutte, blute!)

Kim flippte wieder aus, als sie den Song hörte, und selbst Dre war von dem Inhalt schockiert. »An ihrer Stelle wäre ich abgehauen, sobald ich diesen Shit gehört hätte. Es ist völlig überdreht, in dem ganzen Stück schreit er sich die Seele aus dem Leib. Trotzdem ist es gut, weil Kim ihm ein Konzept gegeben hat.«

Bevor er berühmt geworden war, hatte sich Eminem hauptsächlich von dem Zusammenspiel seiner Träume und seiner Verzweiflung inspirieren lassen. Jetzt fand er einen reichen Fundus an Material in dem Irrsinn, den sein Erfolg und die daraus resultierenden Probleme mit sich brachten. »Stan« ist eine brillant erzählte Geschichte über die negativen Seiten des Ruhms und die Besessenheit, zu der sich die Fans hinreißen lassen konnten. Der Song enthält eine Passage aus dem wunderschön melancholischen Stück »Thank You« der britischen Sängerin Dido. Andere Songs wie »Who Knew« und »Marshall Mathers« veranschaulichen deutlich seine Verblüffung über seinen Erfolg.

Eminem fand, dass sein Stil reifer geworden war, und ihm gefiel der Inhalt der Stücke. »Die neuen Songs sind ganz anders als die des ersten Albums«, sagt er. »Die früheren Songs erzählen Geschichten aus dem Wohnwagenpark, und viele der Texte sind wie kurze Pointen, einfach witziges und albernes Zeug. Dieses Album ist dagegen ernsthafter, es ist wütender und politischer.«

Es erscheint kaum glaublich, dass irgendetwas noch wütender als die bösartigen Tiraden des ersten Albums sein könnte, aber Eminem fährt fort: »Ich rappe über mich, und wenn es den Leuten nicht gefällt, müssen sie es sich nicht anhören. Das ist mein Standpunkt gegenüber dem Leben, und ich werde ihn nicht ändern, nur weil ich jetzt berühmt bin. Mein Verstand arbeitet auf eine unheimliche Art. Nichts an mir hat sich irgendwie verändert. Nur meine Probleme haben sich verlagert. Früher war ich ein armer Junge, abgebrannt und hoffnungslos. Jetzt besitze ich ein Haus und ein neues Auto; aber es gibt auch viele Leute, die sich in mein Privatleben drängen, und Kritiker, die Scheiße über mich erzählen. Das ist es, was mich zur Zeit wirklich anpisst, und deshalb schreibe ich darüber. Jeder, der irgendetwas über mich zu sagen hatte, kann damit rechnen, dass ich ihm jetzt eine passende Antwort darauf gebe.«

Obwohl den Songs später von der Öffentlichkeit hohe Qualität bescheinigt werden sollte, kam es zu jeder Menge hitziger Debatten in der Plattenfirma, als Eminem die Liste der Stücke für das zweite Album vorlegte. Die Produzenten waren nicht glücklich damit. Ihrer Meinung nach fiel die Qualität deutlich gegenüber der Arbeit des ersten Albums ab – eine Situation, die in der Musikbranche nicht ungewöhnlich ist.

Meistens verbringt ein Künstler Jahre damit, den Durchbruch zu schaffen, und hat alle Zeit der Welt, an seinem ersten Album zu feilen. Hat er dann Erfolg, kommt er auf Grund all der Auftritte und Promotion-Termine kaum noch zur Ruhe. Trotzdem wird von ihm erwartet, in einem Bruchteil der Zeit, die er für seine ersten Hits zur Verfügung hatte, neues Material zu liefern.

Eminem erging es nicht anders. Der Mitschnitt aus einer Unterhaltung in dem Stück »Steve Berman« gibt einen guten Einblick in die Probleme, die mit der Produktion des Albums »The Marshall Mathers LP« einhergingen. Eminem hatte über zwanzig Tracks im Studio eingespielt, aber die Plattenfirma war der Meinung, dass keine herausragenden Songs darunter waren, die das Zeug hatten, Single-Hits zu werden. Man erwartete ein mit »My Name Is« vergleichbares Stück, um die Verkaufsmaschinerie in Gang zu setzen. Hinter den Kulissen kam es zu Reibereien, und Eminem sah sich mit der Forderung konfrontiert, wieder etwas ganz Besonderes zu leisten.

Aber der Druck heizte seine Inspiration an. Kochend vor Wut nach seinem unerfreulichen Treffen mit der Plattenfirma, zog er sich zurück und schrieb »The Way I Am«, eine vor Galle triefende Warnung an alle und jeden, sich ihm nicht in den Weg zu stellen.

I'm so sick and tired of being admired
That I wish that I would just die or get fired
And drop from my label and stop with the fables
I'm not gonna be able to top what my name is
And pigeon-holed into some poppy sensations

(Ich habe es so satt und bin es so leid, bewundert zu werden,
dass ich mir wünsche, einfach zu sterben oder gefeuert zu werden,
aus meinem Label auszusteigen und den Legenden ein Ende zu machen.
Ich werde nicht in der Lage sein, das zu überbieten, was ich bin, [beziehungsweise »My Name Is« zu überbieten, Anm.d.Üb.]
und irgendwelchen Pop-Sensationen hinterherzujagen.)

Der zusätzliche Druck brachte ihn auch dazu, nur wenige Tage vor der Deadline zur Produktion des Albums den Song »The Real Slim Shady« zu schreiben, und diese beiden Tracks gaben der Plattenfirma genau das, was sie verlangt hatte. »The Way I Am« war Eminems Lieblingsstück.

»Ich schrieb diesen Song, als das Label mich wegen einer ersten Single wirklich unter Druck setzte. Ich hatte das gesamte Album fast fertig, ging zu Interscope und spielte es den Leuten vor. Aber alle sagten, sie glaubten nicht, dass eine Hit-Single dabei wäre, um den Rest mitzuziehen, es wären alles nur Nachfolge-Singles wie ›Stan‹ oder ›Criminal‹. Da schrieb ich ›The Way I Am‹, direkt nach unserem Treffen. Ich spürte den Frust und den Druck, als müsste ich versuchen, ›My Name Is‹ zu überbieten. Ich ließ es einfach aus mir raus. Es war eine Botschaft an das Label, eine Botschaft an alle, mir ja nur aus dem Weg zu gehen. Niemand kann wirklich den Druck verstehen, dem ich ausgesetzt bin, immer gut zu sein, immer alles genau auf den Punkt zu bringen. Mein Job bringt jetzt so viele Belastungen mit sich. Es ist verrückt.«

Der Druck mochte zwar gewaltig sein, aber der Lohn ließ nicht lange auf sich warten, und Eminems bemerkenswerter Aufstieg gipfelte bei der Verleihung der »42nd Annual Grammy Awards« in Form von zwei Trophäen, eine in der Kategorie »Best Rap Solo Performance« für »My Name Is«, die andere in der Kategorie »Best Rap Album« für »The Slim Shady LP«. Er wurde ebenfalls in der Sparte »Best Rap Performance by a Duo or Group« zusammen mit Dr. Dre für »Guilty Conscience« nominiert, auch wenn ihnen dieser Preis verwehrt blieb. Aber der Gewinn von zwei Grammys war trotzdem ziemlich erstaunlich.

Kapitel 10

In Handschellen

Die neuen Tracks verliehen dem Album mehr Tiefe und Kraft. Alle Beteiligten waren zufrieden, denn sie wussten, dass sie einen weiteren Smash-Hit in der Hand hielten. In der Musikbranche begann sich herumzusprechen, dass Eminems neue Arbeit heißer als jemals zuvor war. Die Gerüchte griffen schnell auf die Fans über, und im April 2000 wartete die Welt gespannt auf das Erscheinen des zweiten Albums. Es war bereits fertig abgemischt und gepresst worden, doch die Plattenfirma weigerte sich, vor dem Tag der internationalen Erstveröffentlichung Vorabexemplare zu verteilen, nicht einmal an die Presse oder Radiosender. Es wurde strikt unter Verschluss gehalten, was den allgemeinen Hype noch weiter anheizte.

Zuerst erschien die ausgekoppelte Single »The Real Slim Shady«, und sie schoss in Amerika sofort auf Platz eins. Wieder wurde das Video, in dem Eminem unter Dutzenden wie er gestylter Darsteller zu sehen ist, zu den gefragtesten Videos auf allen Musikkanälen. MTV feierte die bevorstehende Veröffentlichung des neuen Albums mit vier Specials, gefolgt von einem kompletten Wochenende, das Eminem und seiner Musik gewidmet war. Es bestand überhaupt kein Zweifel, dass »The Marshall Mathers LP«

die größte Premiere des Jahres auf dem Musiksektor werden würde.

Das Album erwies sich tatsächlich als Sensation und eroberte auf Anhieb den ersten Platz der amerikanischen Charts. Innerhalb einer Woche verkaufte es sich 1,7 Millionen Mal und damit schneller als jedes andere Rap-Album in der Geschichte. Auch in Großbritannien und Europa kletterte es auf Platz eins, und diese Position belegte Eminem in mehr als einem Dutzend Länder sowohl in den Single- als auch in den Album-Charts.

Alle Mediensparten konzentrierten sich jetzt auf Eminem. Renommierte Zeitungen und internationale Magazine bestätigten durch ausführliche Berichte über den weißen Rapper aus Detroit dessen neu erlangten Status als weltweit anerkannten Künstler. Das Phänomen nahm solche Ausmaße an, dass viele Publikationen, die bisher nie auch nur erwogen hätten, sich mit einem Rap-Star zu beschäftigen, Eminem plötzlich kostbaren Platz einräumten.

Das seriöse Magazin »Newsweek« stellte fest: »Eminem ist unbestreitbar die beeindruckendste Gestalt der gesamten Popmusik-Szene. Er beschäftigt sich fast ebenso intensiv mit sich selbst wie mit den Leuten auf seiner Feindesliste. Indem er sich mit seinen messerscharfen Texten selbst attackiert, erteilt er dem einfältigen Überlegenheitsgehabe, das den Mainstream-Rap befallen hat, eine Absage.«

Die »Los Angeles Times« verteidigte sogar sein Recht, sich so auszudrücken, wie er es tat, als sie schrieb: »Eminem arbeitet einfach mit seinen kreativen Impulsen. Er bannt all die verbotenen Gedanken und skandalösen Szenarien, die das Erwachsenwerden begleiten, auf eine CD und beobachtet den Fallout.«

Aus anderen Richtungen wiederum kam ernsthaftes Gegenfeuer. Songs wie »Marshall Mathers« enthalten plakativ abfällige Texte über Schwule, was zu einem scharfen Rüffel von Steve Spurgeon führte, dem Sprecher des Schwulen- und Lesbenverbandes GLAAD. In einer Stellungnahme, die den Beginn eines langen Kampfs mit GLAAD markierte, erklärte er: »Eminems Verteidigung seiner Texte besteht darin, sich fiktiver Personen zu bedienen, die angeblich nur ihre eigene Meinung äußern. Wir betrachten das nicht als eine tragbare Rechtfertigung für Homophobie. Dieses Album enthält die mit Abstand beleidigendsten homophobischen Texte, die wir jemals gehört haben. Wir sehen uns nicht in der Lage, das lediglich mit Hinweis auf sein Recht, seine Meinung frei äußern zu dürfen, hinzunehmen. Er hat eine Vorbildfunktion für Teenager. Seine Ansichten müssen in Frage gestellt werden.«

Andere dagegen eilten Eminem in dieser Angelegenheit zu Hilfe. Joan E. Bertin, Direktorin der in New York ansässigen »National Coalition Against Censorship«, einer Vereinigung, die sich für freie Meinungsäußerung und gegen Zensur einsetzt, schlug zurück: »Ich persönlich würde Eminems Aussagen nicht verteidigen, aber ich lehne trotzdem jede Art von Zensur ab. Im Fall von GLAAD finde ich es unglücklich, einen solchen Standpunkt zu vertreten. Schwule und Lesben gehören häufig zu den Gruppen unserer Gesellschaft, die der schärfsten Zensur unterliegen. Warum also zur Zensur gegen andere als Patentlösung greifen?«

Der Sturm, den Eminem in Amerika entfesselt hatte, erfasste auch Großbritannien, wo ein Mitglied des Parlaments dazu aufrief, das Album zu verbieten. Julian Brazier, der ebenfalls eine Kampagne zur Stützung konservativer Wertvorstellungen anführte, sagte: »Der Innenminister sollte den Verkauf von Platten mit Texten wie diesen verbieten. Es ist gefährlich, mit dieser Art von Musik auf Teenager zu zielen. Die Genehmigung, derartige Texte zu verbreiten, ist unverantwortlich. Wir haben die gesetzliche Handhabe, Videos und Filme mit starken sexuellen und gewalttätigen Inhalten zu verbieten; und wir müssen sicherstellen, dass die gleichen Restriktionen auf dem Audiomarkt Anwendung finden. Die Sender müssen sich weigern, Musik mit Texten zu spielen, die Gewalt auslösen können. Geschäfte sollten den Verkauf von CDs unterbinden, in denen Frauen herabgewürdigt werden und Reklame für Gewalt und Drogen gemacht wird.«

Die Underground-Hip-Hop-Gemeinde, die Eminem zeitweise erobert hatte, schreckte nun vor seiner Anziehungskraft auf Teenager zurück. Für viele war er noch immer ein »Wigga«, und sie waren der Meinung – ungerechterweise –, dass er sich auf dieselbe kommerzielle Schiene wie Vanilla Ice begeben hätte und nicht den gleichen politischen Kampf wie die schwarzen Gangsta-Rapper führen würde. Ein Autor, Nelson George, meinte dazu: »Als weißer Rapper stellt er keine Bedrohung dar, weil seine Rasse nicht überproportional in der Gruppe der Gefängnisinsassen vertreten ist. Schwarze Rapper gelten als revolutionär. Eminem? Er ist einfach nur ein Pop-Star.«

Obwohl er der von weißen und schwarzen Schichten geäußerten Kritik überdrüssig war, bemühte sich Eminem nach Kräften, seinen Standpunkt in diversen Interviews zu erklären. »Sagen wir einmal, da ist ein weißer Junge, der in einem schönen Zuhause lebt, in eine Schule geht, auf die nur Weiße gehen, und dem so ziemlich alles auf einem Silbertablett serviert wird. Dass er ein Rap-Tape macht, wäre für mich unglaublich, denn das hieße, er würde in einer Fantasywelt der Rebellion leben. Er möchte ein harter Kerl sein. Er möchte sich nur aus dem einen Grund mit Motherfuckern prügeln, weil die Welt völlig im Arsch ist. Er weiß nicht, wogegen er rebellieren soll. Kids wie er sind nur von der Kultur fasziniert. Sie hören Songs über Leute, die schwere Zeiten durchmachen, und sie wollen wissen, wie sich das anfühlt. Aber das Gleiche gilt auch für schwarze Kids, die in den Vororten der Städte aufgewachsen sind und ihr Leben lang von hinten bis vorne bedient wurden.

Schön, ob weiße Kids nun die gleiche Scheiße wie ich erlebt haben oder überhaupt keine Probleme hatten, wenn sie die Musik lieben – wer kann ihnen dann vorschreiben, was sie sich anhören sollten? Nehmen wir mal an, ich wäre ein weißer Sechzehnjähriger, und ich würde jeden Tag vor dem Spiegel stehen und Krazie Bone nachsingen. Wer hat das Recht zu sagen, ich dürfte das nicht tun, nur weil ich eine bestimmte Hautfarbe habe? Und wenn ich seine Musik kaufen und ihn reich machen darf, wer will mir dann das Recht absprechen, selbst zu rappen? Manchmal habe ich das Gefühl, als wäre die Rap-Musik fast der Schlüssel, um den Rassismus zu beenden. Wenn irgendetwas den Rassismus schwächen kann, wird es der Rap sein. Ich fände es herrlich, wenn man – und sei es nur für einen Tag – durch ein Viertel gehen könnte und einen Asiaten auf seiner Treppe sitzen sieht, auf der anderen Straßenseite einen Schwarzen und einen Weißen auf ihrer Veranda und einen dazwischen vorbeischlendernden Mexikaner. Wenn wir wirklich multikulturell werden würden, könnte der Rassismus so egal werden, dass niemand einen Fuck darauf gibt, aber ich glaube nicht, dass ihr oder ich das noch zu unseren Lebzeiten erleben werden.«

Während Gangsta-Rapper in ihren Texten hauptsächlich auf die Polizei oder die allgemeine Politik der Autoritäten zielten, war unverkennbar, dass Eminem in seinem neuen Album kein individuelles Thema aussparte. Er legte sich mit allen an, die ihm zufällig auf den Geist gingen. Schwule, seine Mutter, seine Frau, seine Verwandten und seine Plattenfirma, auf alle verspritzte er sein Gift. Er lacht über die Kritiker, die seine gefährlichen Texte nicht mögen. Er machte sich sogar über seine Grammy Awards und alle möglichen Pop-Stars lustig. Ob Britney Spears, Christina Aguilera, 'N Sync, New Kids on the Block und die Backstreet Boys – er nahm sie sich alle vor. In dem Stück »Marshall Mathers« rappt er:

New Kids on the Block suck a lot of dick
Boy-Girl groups make me sick ...
I'm anti Backstreet and Ricky Martin
It's instincts to kill 'N Sync, don't get me started
These fucking brats can't sing and Britney's garbage
What is this bitch retarded! Gimme back my sixteen dollars

(New Kids on the Block lutschen jede Menge Schwänze,
Boy-Girl-Groups machen mich krank ...
Ich bin gegen Backstreet und Ricky Martin,
es ist ein instinktiver Drang, 'N Sync umzubringen, lasst mich nicht loslegen.
Diese abgefuckten Bengel können nicht singen, und Britney ist Schrott.
Wie zurückgeblieben ist diese Nutte! Gib mir meine sechzehn Dollar zurück.)

In »The Real Slim Shady« ging er Christina Aguilera an die Kehle, indem er ihr vorwarf, sie hätte ihren Durchbruch in der Musikbranche dem Oralsex mit einem wichtigen Vertreter ihrer Plattenfirma zu verdanken.

You think I give a damn about a Grammy
Half of you critics can't even stomach me, let alone stand me
But Slim, what if you win, wouldn't it be weird?
Why? So you guys can lie to me here?
So you can sit me here next to Britney Spears
Shit, Christina Aguilera better switch me chairs
So I can sit next to Carson Daly and Fred Durst
And hear 'em argue over who she gave head to first

(Ihr glaubt, ich gebe einen Dreck auf einen Grammy.
Die Hälfte von euch Kritikern kann sich nicht mit mir abfinden, geschweige denn mich ertragen.
Aber Slim, was, wenn du gewinnen würdest, wäre das nicht gruselig?
Warum? Damit ihr Typen mich hier anlügen könnt?
Damit ihr mich hier neben Britney Spears setzen könnt.
Scheiße, Christina Aguilera, lass uns lieber die Stühle tauschen,
damit ich neben Carson Daly und Fred Durst sitzen
und ihnen zuhören kann, wie sie sich darüber streiten, wem sie zuerst einen geblasen hat.)

Aguilera war stinksauer über die Anspielung, denn sie fürchtete, dass von all den Millionen Menschen, die das Stück hörten, irgendjemand Eminem glauben würde. In einem Interview sagte sie: »Es war wirklich abstoßend. Alles in dem Song ist gelogen, aber ich kann das beteuern, bis ich grün werde, und nicht jeder wird mir glauben. Ich konnte nicht verstehen, warum jemand, den ich in den vergangenen Jahren unterstützt und als niedlich bezeichnet habe, jemand, dessen Arbeit ich respektiere, mich in diesem Song dissen und beleidigen sollte. Ich wusste einfach nicht, weshalb er das tat.«

Die Fehde könnte ein knappes Jahr zuvor begonnen haben, als Aguilera bei MTV aufgetreten war. Zu dieser Zeit sorgte »97' Bonnie and Clyde« für reichlich Gesprächsstoff in der Musikszene. Damals erklärte sie, sie fände Eminem zwar niedlich, aber als Kämpferin gegen Gewalt gegen Frauen könnte sie den Inhalt einiger seiner Songs und ihre mögliche Wirkung auf Teenager nicht billigen.

»Ich denke, er hat auf das, was ich in Sachen Gewalt gegen Frauen gesagt habe, einfach überreagiert«, meinte sie. »Meine Worte waren nicht wirklich gegen ihn gerichtet. Ich habe ihn nur benutzt, um das ganze Thema zur Sprache zu bringen und junge Frauen dadurch zu ermutigen, sich aus dieser Situation zu befreien.«

Es sollte sich auch herausstellen, dass Eminems Wut auf Britney Spears von einer früheren Begegnung mit ihr herrührte. Sie hatte ihn im Rahmen einer Preisverleihung bei seinem Versuch, mit ihr ins Gespräch zu kommen, abblitzen lassen.

Anscheinend war Eminem nicht nur ein genialer Wortschmied, er war auch ein Meister darin, anderen ans Bein zu pinkeln. Wohin er auch ging, überall standen die Leute Schlange, um sich mit ihm zu streiten. Er benötigte all seine als Battle MC erworbenen Fähigkeiten, um den Kritikern immer einen Schritt vorauszubleiben; aber die ständigen Kämpfe laugten ihn aus. Er konnte sich nicht einmal erholen, wenn er seine Arbeit kurz unterbrach und nach Detroit zurückkehrte. Man sollte vermuten, dass er zumindest in seinen eigenen vier Wänden etwas Frieden hätte finden können, aber das Haus wurde von mehr Fans als jemals zuvor umlagert. Die städtische Planungsbehörde lehnte noch immer seinen Antrag ab, sein Grundstück vor ungebetenen Besuchern zu schützen. Und selbst innerhalb des Hauses standen ihm Streitereien mit Kim bevor. Die Belastung durch die Aufmerksamkeit von Presse und Fans und die lange Abwesenheit während seiner Tourneen brachten ihn einem Zusammenbruch immer näher.

Kurz nach der Veröffentlichung des Albums reiste Eminem Anfang Juni 2000 heim, um neue Kraft zu schöpfen. Er hatte mit Dr. Dre und anderen hochkarätigen Rappern die »Up In Smoke Tour« von Küste zu Küste unternommen und gleichzeitig etliche Werbeveranstaltungen für das Album absolviert. Dies war eine Gelegenheit, sich auszuruhen. Er war ein sprunghafter Mann, der schon viel zu lange von seinen Reserven zehrte, sich schlecht ernährte, zu viel trank und zu viele Drogen konsumierte. Offenbar wurde er nur noch von Adrenalin auf den Beinen gehalten. Er hatte die Kontrolle über sich verloren und drohte, jeden Moment umzukippen.

Auf den Ruhm und seinen Geisteszustand angesprochen, sagte er damals: »Ich hatte mir immer gewünscht, dass es so kommen würde, aber es entwickelt sich fast mehr zu einem Alptraum als zu einem Traum. Man sollte mit seinen Wünschen vorsichtig sein. Ich vermisse es, in den Park zu gehen und Basketball zu spielen. Ich war nie der Typ, der große Autos haben wollte. Alles, was ich wollte, war Karriere im Hip-Hop zu machen. Ich wusste nicht, dass ich jemals so erfolgreich werden würde. Die letzten Jahre sind wirklich nur so an mir vorbeigeschossen. Alles geht furchtbar schnell. Bevor ich berühmt geworden bin, als ich noch im Gilbert's Lodge gearbeitet habe, ist alles wie in Zeitlupe abgelaufen.«

Die Ereignisse dieser ersten Juniwoche sollten für Eminem erneut in Zeitlupe ablaufen und zum Scheideweg in diesem neuen Leben eines Superstars werden. Es scheint, als wären Gewalt, Gerichtsverfahren und Zusammenstöße mit der Polizei ein fester Bestandteil im Repertoire eines Rap-Stars. Ein dunkles Erbe scheint dem Rap anzuhaften, das haben so legendäre Gestalten wie Puff Daddy, Snoop Doggy Dogg und der verstorbene Tupac Shakur mit ihren verschiedenen kriminellen Aktivitäten bewiesen. Sie ergeben sich fast zwangsläufig wie Sex und Drogen durch das Umfeld.

Am 3. Juni, einem Samstag, kam es zu einem hitzigen Streit zwischen ihm und dem Tourmanager eines rivalisierenden Detroiter Hip-Hop-Acts namens Insane Clown Posse, der Eminem als Homosexuellen bezeichnete. Nicht gerade das Klügste, was man tun kann. Eminem zog eine Pistole und fuchtelte damit vor dem Mann herum. Ein Jahr zuvor hatte er einen Waffenbesitzschein erhalten, aber eine Reihe von Gesetzen verbietet es, die Waffe einerseits versteckt zu tragen und, selbstverständlich, jemandem damit zu bedrohen.

Am folgenden Abend kochte Eminem noch immer wie ein Verrückter. Was genau das Fass zum Überlaufen brachte, ist nicht klar, aber es war, als hätte seine dunkle Seite – der Slim Shady in ihm – endgültig die Kontrolle über ihn gewonnen. Er hatte gehört, dass Kim mit Freunden, darunter einige Männer, ausgegangen war, um im Hot Rocks, einer Bar in der Nähe, etwas zu trinken.

Eminem steigerte sich in einen Zustand eifersüchtiger Wut hinein und fuhr in die Bar. Dort sah er, wie Kim einen Mann namens John Guerra küsste. Später versicherte sie, dass Guerra nur ein platonischer Freund und der Kuss nicht leidenschaftlich gewesen wäre, nur eine harmlose Berührung seiner Wange mit ihren Lippen; aber Eminem war kaum logischen Überlegungen zugänglich und gelangte sofort zu der Überzeugung, seine Frau hätte eine ernsthafte Beziehung mit dem Mann.

Auf einem Parkplatz kam es zum Kampf. Eminem zog seine Waffe, die nicht geladen war, und schlug Guerra mit dem Kolben auf den Kopf. Es war ein heimtückischer und irrationaler Angriff, und die Polizei wurde gerufen. An diesem Abend wurde der Mann, der mit einem Nummer-eins-Hit den Gipfel der Welt erklommen hatte, in Handschellen abgeführt und musste die Nacht in einer Gefängniszelle verbringen. Eminem war völlig niedergeschmettert. »Ich hätte unterwegs sein und meine Plattenverkäufe feiern sollen«, sagte er später. »Stattdessen hockte ich im Gefängnis.«

Am nächsten Dienstag erschien er in Handschellen vor dem Bezirksgericht in Warren zu einer vorläufigen Anhörung. Die Anklage lautete auf Körperverletzung und auf Tragen einer versteckten Waffe. Eine verdeckte Waffe zu tragen, bringt maximal fünf Jahre Gefängnis ein, der Angriff mit einer gefährlichen Waffe bis zu vier Jahren. Kim Mathers war ebenfalls im Gericht. Ihr wurde Ruhestörung zur Last gelegt. Darüber hinaus klagte man Eminem an, während des Vorfalls am Samstagabend in der Öffentlichkeit mit einer Pistole herumgefuchtelt zu haben.

Wenn er jemals bezweifelt hatte, in ernsten Schwierigkeiten zu stecken, wurde er im Gericht eines Besseren belehrt, als man ihn warnte, dass ihm viele Jahre Gefängnisstrafe drohten. Außerdem zeichnete sich ab, dass sein Ruhm eher gegen als für ihn sprechen würde, da der Richter, wie er erfuhr, vielleicht ein Exempel an ihm statuieren würde. Wie ließ sich ein arroganter und gewalttätiger Rapper, der einer Generation von Teenagern Gewalt predigte, besser in die Schranken verweisen, als ihn ins Gefängnis zu werfen? Die Kehrseite dieses Arguments lautete, dass er für seine rebellische Gefolgschaft noch eher zu einem Held werden könnte, wenn man ihn einsperrte.

Während dieser ersten Anhörung waren die Einzelheiten des Falles und die Frage, wie Eminem sich dagegen wehren würde, zweitrangig. Priorität hatte, ihn von den Handschellen zu erlösen und vorläufig wieder auf freien Fuß zu setzen. Seine Anwälte argumentierten, dass er ein geeigneter Kandidat für eine Kaution wäre, und der Richter war einverstanden. Er setzte die Kaution auf 100 000 Dollar fest, von denen zehn Prozent sofort hinterlegt werden mussten, sowie einen Termin für eine weitere Anhörung. Kurz darauf verließ Eminem den Gerichtssaal, draußen erwartete ihn ein wahrer Wirbelsturm der Medien. Filmaufnahmen und Fotos von ihm in Handschellen wurden um die ganze Welt geschickt. Es ließ sich nur schwer feststellen, ob es sich um einen der verblüffendsten Publicity-Coups in der Geschichte der Musik oder um eine Katastrophe handelte, die den Anfang des Endes von Eminem einläutete. Schließlich würde es niemandem irgendetwas nutzen, wenn er für mehrere Jahre ins Gefängnis wanderte.

Die Marketingabteilung der Plattenfirma kam zu einer Dringlichkeitssitzung zusammen, um über eine Strategie zu beraten, wie man die Krise am besten bewältigen sollte. Für Eminem war es unmöglich, einfach für eine Weile unterzutauchen, weil er sein neues Album promoten musste und einen mit Veranstaltungen prall gefüllten Terminkalender hatte. Also schickte man ihn gleich wieder an die Arbeit.

Die Nachwirkungen der Schlägerei und der darauf folgenden Gerichtsanhörung erweckten in Kim das Bedürfnis, die Dinge gerade zu rücken. Sie war entsetzt über die Berichterstattung in der Presse, und sie musste allein mit dem Drama zurechtkommen. Im Gegensatz zu Eminem, dem ein Heer von PR-Experten zur Verfügung stand, die ihn vor den Blicken der Öffentlichkeit abschirmten, war sie keine Prominente und hatte niemanden, der ihr half, ihre Rolle in den furchtbaren Ereignissen zu erklären. Also beschloss sie, sich direkt an die Öffentlichkeit zu wenden. Sie war eine vierundzwanzigjährige Mutter im Zentrum der heißesten aktuellen Geschichte im Show-Business und besaß keine Erfahrung im Umgang mit den Medien. Sie hätte jederzeit eine Pressekonferenz einberufen können, zu der alle Fernsehnachrichtensender und Amerikas einflussreichste Printmedien erschienen wären; doch stattdessen schrieb sie an ihre lokale Wochenzeitung, die »Detroit Free Press«. Es wurde eine der wunderbar unschuldigsten PR-Aktionen, die sich als ziemlich wirksam erwies. Die Zeitung hatte mit dem Abdruck des Briefes einen Knüller gelandet, der danach von den Medien überall auf der Welt übernommen wurde, und Kim half, ihre Version der Geschichte darzulegen. Sie schrieb:

An alle, die es angeht,

ich möchte an dieser Stelle eine Bemerkung vorausschicken. Die Tatsache, dass mein Mann ein Künstler ist, bedeutet nicht, dass unsere privaten Angelegenheiten der allgemeinen Belustigung dienen. Aber da die Presse das so zu sehen scheint, sollte sie zumindest bei der Wahrheit bleiben.

Mein Mann kam ins Hot Rocks, um mir nachzuspionieren. Warum er das tat, ist mir noch immer unbekannt – denn wenn ich ihn hätte betrügen wollen, hätte ich das bestimmt nicht in einer nahe gelegenen Bar getan, von der er wusste, dass ich sie besuche. Hätte er irgendwelche Fragen gestellt, bevor er die Beherrschung verlor, wäre ihm klar geworden, dass all meine Begleiter, sowohl Männer als auch Frauen, nichts weiter als Freunde waren. Dass er sofort seine Schlussfolgerungen gezogen hat, hat ihn und mich in Schwierigkeiten gebracht. Mein Mann hat bislang keine Probleme damit gehabt, mich als untreue Ehefrau darzustellen; ich möchte allerdings feststellen, dass ich nicht jedes Mal, wenn ich ein Foto von ihm mit anderen Frauen sehe oder lese, er würde sich mit Groupies abgeben, zu ihm fahre, um ihm eine große Szene zu machen und unsere Gesichter dadurch ins Fernsehen und in die Zeitungen zu bringen. Ich habe mich immer auf sein Wort verlassen und zu ihm gehalten. Selbst nach den Ereignissen im Hot Rocks habe ich noch versucht, ihn zu verteidigen.

Hochachtungsvoll
Kim Mathers

In ihrem Brief erweckte Kim einen recht ruhigen und beherrschten Eindruck, in Wirklichkeit jedoch zerbrach sie beinahe. Während der Woche, die es dauerte, bis die Detroit Free Press den Brief abdruckte, verfiel sie in eine tiefe Depression. Die Schlägerei im Hot Rocks, die Gerichtsanhörung, die Sorge um das, was vor ihr lag, der reine Wahnsinn, mit Eminem verheiratet zu sein, das alles wurde zu viel für sie. Am Freitag, dem neunten Juni, brach sie schließlich zusammen.

An diesem Abend absolvierte Eminem einen lokalen Auftritt im Palace of Auburn Hills. Kim war anfangs auch da, verließ die Show jedoch bereits lange vor dem Ende und kam auch nicht zur anschließenden Party. Wer weiß, was in ihr vorging, aber sie befand sich eindeutig in einem verzweifelten Zustand.

Sie kehrte nach Hause zurück, wo sie einen Selbstmordversuch unternahm. Wie sich später herausstellte, erhielt die Polizei eine halbe Stunde vor Mitternacht einen Notruf, der sie in das Haus auf den Sterling Heights schickte. Man fand Kim zusammengesunken aber noch halb bei Bewusstsein auf dem Boden liegend vor. Sie wurde sofort ins Mt.-Clemens-Krankenhaus gebracht, dort behandelt und später wieder entlassen. Ihr Selbstmordversuch war ein unverkennbarer Hilferuf gewesen.

Eminems Plattenfirma gab eine Stellungnahme heraus, in der es hieß, dass ihr Star tief beunruhigt über die Probleme seiner Frau sei. Was auch immer er tatsächlich für sie empfunden haben mag, er war lange nicht da, um sie zu unterstützen und ihr zu helfen, sich wieder zu erholen. Wenige Tage nach ihrem Selbstmordversuch flog er nach Kalifornien zu seinen Rap-Kollegen, um die »Up in Smoke Tour« fortzusetzen, für die noch etliche Auftritte gebucht waren. Eminem war vertraglich verpflichtet, die Tour zu beenden. Wahrscheinlich war es eine Erleichterung für ihn, wieder das zu tun, was er am besten konnte. Er verschloss sich vor den Alpträumen, die sein Leben beherrschten, und rappte für seine Fans, die ihn bewunderten.

Die Kontroversen folgten ihm auch auf dieser Tour. Ein Teil seiner Bühnenshow besteht darin, eine aufblasbare nackte Frauenpuppe ins Publikum zu werfen und sie von den Fans zerfetzen zu lassen, während er den wahnsinnigen Text von »Kim« singt. Einer der Veranstalter war der Meinung, dass die Showeinlage Gewalt auslösen könnte und strich sie daher samt der aufblasbaren Puppe aus dem Programm. Bei einem anderen Auftritt bekamen Dr. Dre und die Veranstalter wegen eines Videos, das sie im Hintergrund zeigten, Ärger mit der lokalen Polizei. Nach den Gesetzen des Staates galt es als gewalttätig und pornografisch und nicht für eine öffentliche Vorführung geeignet. Dre versuchte, es auf juristischem Weg durchzufechten, wurde aber gezwungen, auf das Video zu verzichten, als die Polizei drohte, der Veranstaltung den Strom abzustellen und die Show zu verbieten.

Während einer Tournee-Pause fuhr Eminem nach L.A., um das Video zu »The Way I Am« in den Universal Studios aufzunehmen. Er freute sich, ein Video zu seinem Lieblingssong auf dem neuen Album zu drehen – ein Song, der seine Gefühle jetzt, da sein Leben durch die Ereignisse in Detroit überschattet war, noch stärker reflektierte. Aber auch das war nur eine kleine Erleichterung in dem höllischen Sommer, der ihm bevorstand. Schon bald sollte er erfahren, dass sein früherer Bodyguard Byron Williams ein Buch über seine Zeit mit Eminem herausbringen wollte.

Explosive Anschuldigungen aus dem Buch sickerten zur Presse durch, darunter Details über Eminems Drogenkonsum und die Behauptung, er würde an manchen Tagen schon zum Frühstück Ecstasy einwerfen. Williams sollte ebenfalls behaupten, dass der Star Edel-Prostituierte an verschiedene Orte einfliegen ließ, um mit ihnen und seiner Crew wilde Orgien zu feiern. Diese belastenden Schlagzeilen in den nationalen Zeitungen trugen kaum dazu bei, Eminems Ehe zu kitten.

In einem ruhigen Moment dachte er über sein bisheriges Leben und den derzeitigen Rummel um ihn nach. »Würde ich alles noch einmal genauso machen?«, fragte er sich. »Das ist eine gute Frage, eine wirklich gute Frage. Die Chancen stehen fünfzig zu fünfzig. Die Leute werden vielleicht sagen: ›Du hast alles, was du willst. Du hast Geld und brauchst dir keine Sorgen mehr über unbezahlte Rechnungen zu machen.‹ Aber ich kann nicht einmal mehr in die Öffentlichkeit gehen. Die Augen der ganzen Welt ruhen auf mir. Ich kann nicht mehr wie ein normaler Mensch behandelt werden.

Es gibt natürlich auch positive Dinge, wie zum Beispiel, dass es meinem kleinen Bruder für den Rest seines Lebens an nichts mehr fehlen wird. Meiner Tochter wird es für den Rest ihres Lebens an nichts mehr fehlen. Manchmal habe ich das Gefühl, mein Leben nur für andere zu führen. Ich wache um sieben Uhr am Morgen auf, und der Rest des Tages besteht aus nichts als Arbeit. Ich kann nicht schlafen. Ich esse nichts. Es ist einfach verrückt. Es ist eine Menge beschissener Arbeit, mehr Arbeit, als ich jemals erwartet habe.«

In glücklicheren Momenten sagte Eminem über seine Karriere und seine Zukunft: »Ich möchte immer noch rappen. Ich möchte diesen Shit weitermachen, solange ich dazu in der Lage bin. Ich meine, ich will es machen, bis ich es nicht mehr schaffe. Ich werde es in mir spüren, wenn ich es nicht mehr kann. Sobald ich spüre, dass ich es verloren habe, werde ich aufhören. Viele Künstler haben das Gefühl verloren, und sie versuchen es trotzdem einfach immer weiter und weigern sich aufzugeben. Ich möchte nicht einer von ihnen werden. Es gibt noch eine Menge anderer Dinge, mit denen ich mich beschäftigen will. Ich möchte ein bisschen schauspielern. Ich habe große Pläne für andere Sachen.«

Doch dann schweift er immer wieder in typischer Eminem-Manier ab und taucht in eine obszöne, übertriebene Phantasiewelt ein. »Ich werde Pornos drehen, aber ich werde nur fette versaute Schlampen ficken, und die Filme werden Titel haben wie ›Fette Huren‹.«

Was auch immer die Zukunft für ihn bereithielt, Eminem konnte die Probleme, die sich in diesem Sommer immer höher um ihn herum auftürmten, nicht ignorieren. Der bevorstehende Strafprozess warf seine Schatten voraus, und Eminem diskutierte stundenlang mit seinen Anwälten, wie man dem Verfahren am besten begegnen sollte. Die Auswirkungen des Falls wurden bereits spürbar. Eminems Kautionsauflagen verboten ihm Reisen außerhalb der USA, und so musste er Dutzende Auftritte absagen, unter anderem zwei große Open-air-Konzerte in Großbritannien und etliche mehr in Kontinental-Europa. Niemand wusste, wie weit ihn das unter Umständen zurückwerfen würde.

Nach einem weiteren gerichtlichen Vorverhandlungstermin wurden diese Einschränkungen aufgehoben, so dass Eminem wieder frei reisen konnte; aber es war klar, dass sich der Prozess zum zentralen Thema des Zirkusses um ihn entwickelt hatte. Medienvertreter aus aller Welt drängten sich im Gerichtssaal, und Fans aus allen Winkeln Amerikas erschienen, um die Verhandlungen gebannt zu verfolgen. Es war eine surreale Vorstellung, dass jeder Aspekt seines Lebens, selbst seine Freiheit, mittlerweile kaum mehr als eine einzige Seifenoper war, zu der sich die ganze Welt einschaltete.

Der Alptraum ging weiter, aber der traurigste Tiefschlag ereilte Eminem, als Kim die Scheidung einreichte. Wie sich herausstellte, hatte sie diese Entscheidung bereits vor ihrem Selbstmordversuch getroffen, ein deutliches Indiz dafür, dass die Ehe schon seit geraumer Zeit zerrüttet gewesen war. Die gerichtlichen Probleme der letzten Wochen hatten sie nur in ihrem Beschluss bestärkt, die endgültige Trennung zu vollziehen. Außerdem verklagte sie Eminem wegen des Textes in dem Stück »Kim« auf zehn Millionen Dollar Schadenersatz.

Was Eminem am schwersten zu schaffen machte, war ihre Entscheidung, das Sorgerecht für Hailie zu beanspruchen. Er wusste, dass er nicht die geringste Chance hatte, gegen sie zu gewinnen. Später im selben Monat einigten sie sich in einer geheimen Vereinbarung darauf, die Schadenersatzklage wegen des Songs fallen zu lassen, und Eminem beschloss, nicht gegen Kims Anspruch auf das Sorgerecht für Hailie anzukämpfen. Er erklärte sich einverstanden, Unterhalt für sie zu zahlen, und bekam das gemeinsame Sorgerecht einer »offenen Elternschaft« für die Zeit zugesprochen, die er in Michigan verbrachte.

Innerhalb von achtzehn außergewöhnlichen Monaten war Eminem von einem Niemand raketenhaft zu einem der weltgrößten Stars aufgestiegen, doch dieser gewaltige Erfolg zerrann nun wie Sand zwischen den Fingern. Nach all den Jahren des Kämpfens hatte er es bis an die Spitze geschafft, und nun verwandelte sich das Märchen in einen Alptraum. Seine Ehe war gescheitert, er würde die Tochter verlieren, die er vergötterte, und seine Mutter hatte es auf all sein Geld abgesehen. Und schließlich lief er Gefahr, seine Freiheit, das höchste Gut eines Menschen, zu verlieren. War das der Lohn dafür, dass er all seine Träume wahr gemacht hatte?

Das Gericht von Macomb County liegt nur eine kurze Strecke von dem Viertel entfernt, in dem Eminem so viele Jahre seines turbulenten Lebens auf der falschen Seite der Straße zugebracht hatte. Zahllose junge Männer aus dieser Gegend, die vergeblich darum kämpfen, in einer harten Welt zurechtzukommen, werden in diesem Gericht verurteilt. Eminems Reise war mit keiner anderen vergleichbar, aber trotzdem hatte sie ebenfalls hier geendet. Jetzt zählte all sein Ruhm überhaupt nichts mehr, und das Talent und der Einfluss von Eminem und Slim Shady halfen ihm nicht weiter. Hier war er wieder ganz einfach Marshall Mathers III, der magere weiße Junge aus dem Ghetto.

Eminem hatte wiederholt seine Inspiration in schwierigen Situationen gefunden, und zweifellos wird er das wieder tun. Es scheint beinahe so, als warte die destruktive Seite seines Charakters nur darauf, dass die Dinge schlecht laufen, damit er sie wieder zum Guten wenden kann. Fünf lange Jahre waren vergangen, seit er Slim Shady ins Leben gerufen hatte. Der Song »Rock Bottom« hatte den Beginn seines Kampfes von ganz unten markiert, doch jetzt klang der letzte Vers traurig prophetisch:

There's people that love me and people that hate me
But it's the evil that made me this backstabbing, deceitful and shady
I want the money, the women, the fortune, and the fame
That means I'll end up burning in hell scorching in flames

(Es gibt Leute, die mich lieben und Leute, die mich hassen,
aber es ist das Böse, das mich so hinterlistig, verschlagen und düster gemacht hat.
Ich will das Geld, die Frauen, den Reichtum und den Ruhm.
Was bedeutet, dass ich im lodernden Feuer der Hölle enden werde.)

Epilog

Eminem schob die emotionalen Traumata des verrückten Sommers 2000 beiseite, um sich wieder auf seine Karriere zu konzentrieren, und schon bald liefen die Dinge immer besser.

Anfang September stahl er im Rahmen der MTV Video Music Awards allen die Show, als er »The Real Slim Shady« sang, während er von draußen in das Theater marschierte, gefolgt von zweihundert Shady-Imitatoren mit gebleichtem Haar, weißen T-Shirts und Jeans. Es war ein irres Spektakel, das die Zuschauer förmlich umhaute. Danach gab er »The Way I Am« zum Besten, unterstützt von seinem alten Freund Proof.

Die pompöse Veranstaltung wurde endgültig zu Eminems Nacht, als er die Trophäen in den Kategorien »Best Male Video« und »Video of the Year« für »The Real Slim Shady« entgegennahm.

Er stand sogar noch ein weiteres Mal zusammen mit Dr. Dre auf der Bühne, der in der Kategorie »Best Rap Video« für »Forgot About Dre«, in dem auch Eminem auftritt, ausgezeichnet wurde.

Im Oktober gab Eminem bekannt, im Jahr 2001 das neue Album der D-12 mit dem Titel »Devil's Delight« in seinem eigenen Label Shady Records erscheinen zu lassen. Die erste Single des Albums heißt »Shit On You«.

Außerdem bereitete er die Veröffentlichung von »The Way I Am« als Single vor und drehte zwei Videos für »Stan«, die dritte Single-Auskopplung des Albums.

»Stan« wird allgemein als der bisher größte Single-Smash-Hit gehandelt und soll vor Weihnachten in die Charts einsteigen. Eine Version des Videos wird das Standardformat von drei Minuten haben. Eminem drehte aber noch eine Spezialversion in Form eines zwanzigminütigen Kurzfilms, in dem Dido als Stans Freundin mitspielt.

Im November und Dezember 2000 tourte er quer durch die USA und Puerto Rico mit der »Anger Management Tour«, eine seltsame Namensgebung, wo Eminem doch kaum jemals in der Lage schien, sein Temperament zu zügeln.

Bis heute wurden von »The Marshall Mathers LP« weltweit sieben Millionen und von »The Slim Shady LP« vier Millionen Exemplare verkauft. Damit war Eminems Position als Superstar gefestigt, aber sein Privatleben war noch immer schwierig.

Anfang Oktober wurde die Anklage wegen Waffenmissbrauchs erneut vertagt, und eine Entscheidung in dieser Sache steht noch aus.

Die Scheidung von Kim wurde in die Hände eines Richters gelegt, der über die gerechte Verteilung des Geldes entscheiden soll. Kim und er üben weiterhin gemeinsam das Sorgerecht für Hailie aus.

Vielleicht bekommt Eminem auf der »Anger Management Tour« (mit Papa Roach und Limp Bizkit) all seinen Zorn in den Griff, aber nach dem heißen Sommer und Herbst 2000 steht auch fest: So schnell werden Eminem die beißenden Reime nicht ausgehen.

DISCOGRAPHIE

Eminem – Infinite
1996 Web Entertainment – (Nicht mehr erhältlich)

– »Infinite«
– »W.E.G.O.« (Interlude)
– »It's Ok«
– »313«
– »Tonite«
– »Maxine«
– »Open Mic«
– »Never 2 Far«
– »Searchin«
– »Backstabber«
– »Jealousy Woes II«

Eminem – The Slim Shady EP
1997 Web Entertainment – (Nicht mehr erhältlich)

– »Intro (Slim Shady)«
– »Low, Down, Dirty«
– »If I Had...«
– »Just Don't Give A Fuck«
– »Mommy«
– »Just the Two Of Us«

– »No One's Iller«
– »Murder, Murder«
– »If I Had« – (radio edit)
– »Just Don't Give A Fuck« – (radio edit)

Eminem – The Slim Shady LP
1999 Aftermath / Interscope

– »Public Service Announcement« – (intro)
– »My Name Is…«
– »Guilty Conscience«
– »Brain Damage«
– »Paul«
– »If I Had«
– »97' Bonnie and Clyde«
– »Bitch«
– »Role Model«
– »Lounge«
– »My Fault«
– »Ken Kaniff«
– »Cum On Everybody«
– »Rock Bottom«
– »Just Don't Give A Fuck«
– »Soap«
– »As The World Turns«
– »I'm Shady«
– »Bad Meets Evil«
– »Still Don't Give A Fuck«

Eminem – The Marshall Mathers LP
2000 Aftermath / Interscope

– »Public Service Announcement 2000«
– »Kill You«
– »Stan«
– »Paul«
– »Who Knew«
– »Steve Berman«
– »The Way I Am«
– »The Real Slim Shady«
– »Remember Me?«
– »I'm Back«
– »Marshall Mathers«
– »Ken Kaniff«
– »Drug Ballad«
– »Amityville«
– »Bitch Please II«
– »Kim«
– »Under The Influence«
– »Criminal«